臺灣歷史與文化 研究輯刊

十 三 編

第 **15** 冊

奚南薰篆書之研究（下）

沈禔暄 著

花木蘭文化事業有限公司

國家圖書館出版品預行編目資料

奚南薰篆書之研究（下）／沈褆暄 著 — 初版 — 新北市：花
木蘭文化事業有限公司，2018〔民 107〕
目 2+150 面；19×26 公分
（臺灣歷史與文化研究輯刊十三編；第 15 冊）
ISBN 978-986-485-307-6（精裝）
1. 奚南薰 2. 學術思想 3. 篆書 4. 作品集
733.08　　　　　　　　　　　　　　　　　107001599

ISBN-978-986-485-307-6

9 789864 853076

臺灣歷史與文化研究輯刊
十三編　第十五冊　　　　　ISBN：978-986-485-307-6

奚南薰篆書之研究（下）

作　　　者	沈褆暄
總 編 輯	杜潔祥
副總編輯	楊嘉樂
編　　　輯	許郁翎、王筑　美術編輯　陳逸婷
出　　　版	花木蘭文化事業有限公司
發 行 人	高小娟
聯絡地址	235 新北市中和區中安街七二號十三樓
	電話：02-2923-1455／傳真：02-2923-1452
網　　　址	http://www.huamulan.tw 信箱 hml810518@gmail.com
印　　　刷	普羅文化出版廣告事業
初　　　版	2018 年 3 月
全書字數	108720 字
定　　　價	十三編 24 冊（精裝）台幣 60,000 元

版權所有·請勿翻印

奚南薰篆書之研究（下）

沈禔暄 著

目

次

書法圖錄

一、奚南薰有紀年篆書作品（以農曆紀年）

編號	作品名稱	年代	形式	作品內容	用印	來源
4401	〈中天，絕伐〉69×13cm×2	1959 1	對聯		印1 印2	《2011「漢字藝術節」——兩岸當代書法學術研討會論文》P127
5001	〈梁吳均與朱元思書〉	1965	四聯屏	宋黃庭堅〈客自潭府來稱明因寺僧作靜照堂求予作〉。吳讓之有寫此詩。	印3 印4	《中華書道書帖選集（二）》P6、P7
5002	篆書中堂	1965 秋	中堂	唐陸遊〈劍門道中遇微雨〉。與編號5804內文相同。		《時代生活》第21期，P23
5101	〈萬劫、一樓〉	1966 8	對聯	此聯贈成惕軒先生。內文出自成惕軒《藏山閣詩》。	印5 印6	林打敏先生提供
5201	〈清似、皎如〉	1967 8	對聯			《奚南薰先生紀念專輯》P53
5301	〈臺閣、銀鉤〉	1968 冬	對聯	贈壽賢先生。本聯出自《蘇軾文集》卷六八〈臺閣山林本無異，故應文字不離禪〉、卷二十九〈厭暑多應一向慵，銀鉤秀句益疎通〉。	印7 印8	《奚南薰先生紀念專輯》P17
5401	〈漢鏡歌〉	1969 4/6 國曆	中堂		印7 印6	林打敏老師
5402	〈一笛、十年〉	1969 5/6	對聯	下聯爲宋蘇軾〈杜輿秀才學種松法〉詩：「露宿泥行草棘中，十年春雨養髯龍。」	印3 印10	《奚南薰先生紀念專輯》P69
5501	篆書冊	1970	冊頁	本文內容爲〈大唐聖教序〉。	印3 印4	《奚南薰篆書冊》P8～28

5502	〈節臨石鼓文〉	1970 7	中堂	〈石鼓〉之〈汧殹〉篇。	印 13	林打敏老師
5601	〈太華，廣陵〉	1971 8/17	對聯	《古今聯語匯選》第八冊——集字。	印 7 印 8	《奚南薰先生紀念專輯》P28
5602	篆書中堂	1971 孟冬	中堂	唐陸遊〈花下小酌〉。	印 14	《中國書畫》第 36 期 P32
5801	〈黃山谷詩〉	1973 1	中堂	宋黃庭堅〈客自潭府來稱明因寺僧作靜照堂求予作〉。		《數位典藏與數位學習聯合目錄》http://catalog.digitalarchives.tw/item/00/25/ab/46.html
5802	篆書中堂	1973	中堂	贈韻琪女士。清龔自珍《己亥雜詩》之五十九。	印 7 印 8	《奚南薰先生紀念專輯》P36
5803	文心雕龍原道	1973 5/5 端陽	冊頁	本文出自南朝梁劉勰《文心雕龍》第一部分論「自然之道」。與編號 5804 為相同內容，不同形式。	印 7 印 8	《奚南薰篆書冊》P30〜53
5804	文心雕龍原道	1973 5/5 端陽	條屏	本文出自南朝梁劉勰《文心雕龍》第一部分論「自然之道」。與編號 5803 為相同內容，不同形式。	印 3 印 4	《奚南薰先生紀念專輯》P21
5805	篆書中堂	1974 新秋	中堂	唐陸遊〈劍門道中遇微雨〉。與編號 5002 內文相同。	印 16 印 17	《臺灣地區前輩美術家作品特展二，書法專輯》P160
5806	篆書對聯	1974 8/16	對聯		印 18 印 2 印 7 印 8	《臺灣地區前輩美術家作品特展二，書法專輯》P160
5807	魯若衡先生書孝經	1973 8	鏡片		印 19 印 20	《奚南薰先生紀念專輯》P40
5808	篆書中堂 137×68cm	1973 8	中堂	節錄唐歐陽詢〈九成宮醴泉銘〉後段內容。	印 3	《中華民國第七屆全國美術展覽會專輯》P210
5809	于髯翁書王陸一先生墓誌	1973 秋	題簽		印 21 印 22	《奚南薰先生紀念專輯》P63
5810	篆書扇面	1973 冬月	扇面	清宋之問〈題大庾嶺北驛〉。	印 23	《奚南薰先生紀念專輯》P42
5811	篆書條屏	1973 冬日	條屏	唐李白〈敬亭獨坐〉。	印 3	林打敏老師
5901	篆書條屏	1974 7 新秋	條屏	清初王士禎〈夜雨題寒山寺寄西樵〉。	印 7 印 8	《奚南薰先生紀念專輯》P63
5902	〈節臨秦瑯琊臺刻石〉	1974 7 新秋	條屏		印 7 印 8	《奚南薰先生紀念專輯》P74
5903	〈臨秦公簋〉	1974 8/15 中秋	四聯屏	〈秦公簋〉蓋銘及器銘。	印 7 印 8	《奚南薰先生紀念專輯》P38、39

5904	〈臨秦公簋〉	1974 8/15 中秋	四聯屏	〈秦公簋〉蓋銘及器銘。與編號 5903 相同內文，落款不同而已。		《時代生活》P21、P22
5905	篆書中堂	1974 秋	中堂	宋陸游〈書事詩〉。	印 7 印 8	《奚南薰先生紀念專輯》P22
5906	篆書中堂	1974 11 冬仲	中堂	唐李白〈永王東巡歌〉。	印 7 印 8	《奚南薰先生紀念專輯》P76
5907	篆書對聯	1974	對聯	金庸《鹿鼎記》第四回。		《世界畫刊》第 715 期
6001	〈笙歌、雲水〉	1975 1/1	對聯	瘦金體	印 29 印 20 印 7 印 8	《奚南薰先生紀念專輯》P43
6002	禮運大同節	1975 1	中堂		印 3 印 24	《奚南薰先生紀念專輯》P14
6003	篆書條屏	1975 2 春仲	條屏	本文出自唐李白〈贈錢徵君少陽〉。	印 3 印 24	《自立藝苑書畫選集》P129
6004	〈海近、天清〉	1975 12 陽月	對聯	本文出自《古今聯語滙選》第七冊，集句八。上聯出於米芾，下聯出於楊巨源。	印 29 印 30 印 3 印 24	《奚南薰先生紀念專輯》P26
6101	篆書四屏	1975	聯屏	本文出自南北朝孔稚珪〈北山逐文〉。	印 3 印 4	林打敏老師

編號：4401

名稱：〈中天，絕代〉篆書對聯

年代：1959 年 1 月

尺寸：69x13cm x2

釋文：中天縣（懸）明月，絕代有佳人。

款文：己亥元旦，南薰。

來源：《2011 漢字藝術節——兩岸當代書法學術研討會論文》P127

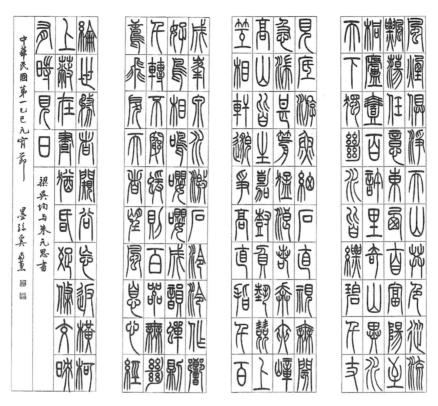

編號：5001

名稱：梁吳均〈與朱元思書〉

年代：1965 年元宵節

釋文：風煙俱淨，天山共色。從流飄蕩，任意東西。自富陽至桐廬壹百許里，
奇山異水，天下獨絕。水皆縹碧，千丈見底。游魚細石，直視無礙。
急湍甚箭，猛浪若奔。夾嶂高山，皆生嘉樹，負執（勢）競上，互相
軒邈，爭高直指，千百成峰。泉水激石，泠泠作響；好鳥相鳴，嚶嚶
成韻。蟬則千轉不窮，蝯（猿）則百叫無絕。鳶飛戾天者，望峰息心；
經綸世務者，窺谷忘返。橫柯上蔽，在晝猶昏；疏條交映，有時見日。

款文：梁吳均與朱元思書，中華民國第一乙巳元宵節，墨孫，奚南薰。

印：奚南薰，墨孫知非。

按：文中「執」即古「藝」字，《說文》無「勢」字，段注云：「蓋古用埶為
之」。且「蝯」、「猿」為古今字，而「自」、「絕」字為古文。《說文》中述：
「互」為「𥬔」之省形或體。吳讓之有寫此詩。

來源：《中華書道書帖選集（二）》P6、P7

編號：5002

名稱：篆書中堂

年代：1965 年秋月

釋文：衣上征塵雜酒痕，遠遊無處不銷魂。此身合是詩人未，細雨騎驢入劍門。

款文：乙巳季秋，墨孫，奚南薰。

印：奚南薰印。

按：出自唐代詩人陸遊的古詩作品〈劍門道中遇微雨〉。與編號 5804 內文相同。

來源：《時代生活》第 21 期，P23

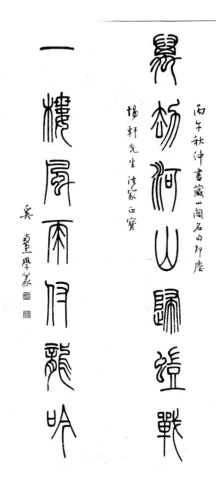

編號：5101

名稱：〈萬劫、一樓〉對聯

年代：1966/8

釋文：萬劫河山歸螘（蟻）戰，一樓風雨付龍吟。

款文：丙午秋仲書藏山閣名句，即塵惕軒先生法家正腕，奚南薰學篆。

印：奚南薰。墨蓀。

按：成惕軒（1909～1989），名汝器，字康廬，號楚望。湖北陽新龍港人。先
　　生著有《楚望樓詩》、《汲古新議》及續集、《考銓叢論》及續集、《考銓叢
　　論》、《駢文選注》、《藏山閣詩》、《楚望樓聯語》、《尚書與古代政治》等。
　　先生名輩甚高，官位甚尊，公職之餘，先生以作育英才為樂。他的才情與
　　品德並茂，王愷和、謝宗安、王壯為、李猷等書法名家，皆曾讚美成先生
　　書法具有君子之風的特質。資料轉引自：陳慶煌：〈楚望樓書法所展現的
　　君子之風〉，《臺灣書法國際學術研討會》（臺北：淡江大學出版，2003 年
　　3 月 14 日）第 4 頁。

來源：林打敏先生提供。

編號：5201

名稱：〈清似、皎如〉對聯

年代：1967/8

釋文：清似釣船聞夜雨，皎如明月在秋潭。

款文：觀漁先生法家正腕，丁未仲秋奚南薰。

來源：《奚南薰先生紀念專輯》P53。

編號：5301

名稱：〈臺閣、銀鉤〉對聯

年代：1968 冬

釋文：臺閣山林本無異，銀鉤秀句益疏通。

款文：壽賢先生天懷澹定，進退雍容，文章、政術之餘，尤工小篆，筆勢遒
　　　麗似讓翁，肅穆抑又過之，所作楹帖多集句，俯拾即是，妙造自然。
　　　率爾效顰，集東坡句一聯，班門弄斧，敬塵教正。戊申冬月鄉晚奚南
　　　薰。

印：奚南薰印。墨葊。

按：本聯出自《蘇軾文集》卷六八〈臺閣山林本無異，故應文字不離禪〉、卷
　　二十九〈厭暑多應一向慵，銀鉤秀句益疏（與「爻疋」、「疏」爲古今字）通〉。

來源：《奚南薰先生紀念專輯》P17。

編號：5401

名稱：〈漢鐃歌〉

年代：1969/4/6（國曆）

釋文：醴泉之水，光澤何蔚蔚。芝爲
　　　車，龍爲馬，覽遨遊，四海外。
　　　甘露初二年，芝生銅池中，仙
　　　人下來飲，延壽千萬歲。

款文：漢鐃歌，己酉清明後一日，墨
　　　孫奚南薰。

印：奚南薰。墨蓀。

按：趙之謙寫過此「漢鐃歌」篆書104
　　字，此內容。

來源：林打敏老師提供。

編號：5402

名稱：〈一笛、十年〉對聯

年代：1969/5/5

釋文：一笛晚風橫牘背，十年春雨養龍髯。

款文：北岳兄專攻園藝，欲製一閒印。兆申拈東坡「十年春雨養冉龍」句，
屬堪白刻之。北岳故多冉，堪白乃將末二字顛倒，「冉龍」作「龍冉」
以戲之。兆申且繫之以詩語妙天下。愚謂，北岳本學農，蓋去騎牛橫
篴，其愈於（勞形）案牘也遠矣，因為上聯以博一笑。己酉端午後一
日，墨孫弟奚南薰。案牘上脫勞形二字。

印：奚南薰。十年春雨養龍冉（王北岳用印）。

按：「篴」即「笛」也。下聯為宋蘇軾〈杜輿秀才學種松法〉詩：「露宿泥行
草棘中，十年春雨養髯龍。」

來源：《奚南薰先生紀念專輯》P69。

編號：5501

名稱：篆書冊

年代：1970/春

款文：庚戌春，墨孫奚南薰。

釋文：松風水月，未足比其清華；仙露明珠，詎能方其朗潤。故以智通無累，
神測未形，超六塵而迴出，隻千古而無對。凝心內境，悲正法之陵遲；
栖慮玄門，慨深文之訛謬。思欲分條析理，廣彼前聞，截偽續眞，開
茲後學。

印：奚南薰。墨孫知非。

按：本文內容爲〈大唐聖教序〉。此作於民國五十九年（1970）獲得教育部榮
譽獎，並與1973年所寫〈文心雕龍原道〉冊頁（編號5803）刊登成冊。

來源：《奚南薰篆書冊》P8～28。

編號：5502

名稱：〈節臨石鼓文〉

年代：1970/7（新秋）

款文：庚戌新秋，墨蓀。

釋文：汧殹沔沔，烝彼淖淵。鰥鯉處之，君子漁之。漫又小魚，其游走散走
　　　散。黃帛其魚丙，有魚旁有魚白。

印：蓉湖漁長。毘陵奚氏。

按：節臨石鼓文汧殹篇。文字內容少「帛魚㒹㒹，其盜氏鮮。」

來源：林打敏老師提供。

編號：5601

名稱：〈太華、廣陵〉對聯

年代：1971/8/17

款文：民國第二辛亥中秋後二
　　　日，墨葓奚南薰。

釋文：太華奇觀，千古積雪；廣
　　　陵妙景，八月驚濤。

印：奚南薰印。墨葓。

按：本聯古今聯語匯選第八冊—
　　—集字。

來源：《奚南薰先生紀念專輯》
　　　P28。

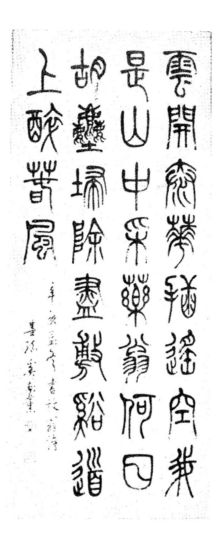

編號：5602

名稱：篆書中堂

年代：1971 年孟冬

釋文：雲開泰（太）華插遙空，我是山中采藥翁。何日胡麤（塵）埽（掃）
　　　除盡，敷谿道上醉春風。

款文：辛亥孟冬書放翁詩，墨孫，奚南薰。

印：毘陵奚氏、南薰。

按：出自唐代詩人陸遊〈花下小酌〉。內文中「麤」、「塵」，「埽」、「掃」為古
　　今字。

來源：《中國書畫》第 36 期 P32。

編號：5801

名稱：黃山谷詩

年代：1973 年 1 月

釋文：客從潭府渡河梁，藉甚傳誇靜照堂。正苦窮年對塵土，坐令合眼夢湖湘。市門曉日魚蝦白，鄰舍秋風橘柚黃。去馬來舟爭歲月，老僧元不下胡床。

款文：民國六十二年元月書黃山谷詩，奚南薰。

印：奚南薰。

按：本文出自宋黃庭堅〈客自潭府來稱明因寺僧作靜照堂求予作〉。

來源：《數位典藏與數位學習聯合目錄》http://catalog.digitalarchives.tw/item/00 /25/ab/46.html

編號：5802

名稱：篆書中堂

年代：1973 年

款文：癸丑嘉平，奚南薰。韻琪女棣清賞。

釋文：端門受命有雲礽，一脈微言我敬承。宿草敢桃劉禮部，東南絕學在毘陵。

印：奚南薰印。墨葒。

按：林韻琪於 1968 年藝專美術科畢（夜間部首屆）本文出自清龔自珍《己亥
　　雜詩》之五十九。原詩「宿草敢桃」的「敢」字，先生所書為《說文》
　　籀文寫法，清人吳讓之、趙之謙、吳大澂、吳昌碩等的篆書中亦有例。「𧖛」
　　亦為「脈」之籀文。

來源：《奚南薰先生紀念專輯》P36

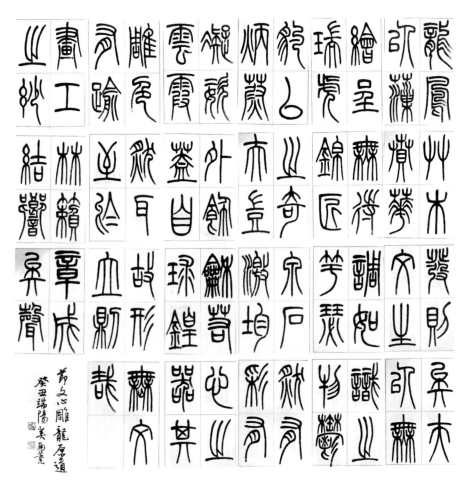

編號：5803

名稱：文心雕龍原道冊頁

年代：1973/5/5（端陽）

款文：文心雕龍原道，癸丑端陽節，奚南薰。

釋文：龍鳳以藻繪呈瑞，虎豹以炳蔚凝姿；雲霞雕色，有踰畫工之妙；草木
　　　賁華，無待錦匠之奇。夫豈外飾，蓋自然耳。至於林籟結響，調如竽
　　　瑟；泉石激均（韻），和若球鍠：故形立則章成矣，聲發則文生矣。夫
　　　以無識之物，鬱然有采，有心之器，其無文哉？

按：本文出自南朝梁劉勰《文心雕龍》第一部分論「自然之道」。此件與1970
　　年所寫〈文心雕龍原道〉冊頁（編號5501）於民國五十九年（1970）獲
　　得教育部榮譽獎，並刊登成冊。與作品編號5804內容相同，但形式不同。

印：奚南薰。墨孫知非。

編號：5804

名稱：文心雕龍原道（南朝梁劉勰《文心雕龍》第一部分論「自然之道」。）

年代：1973/5/5（端陽）

款文：文心雕龍原道，癸丑端陽節，奚南薰。

釋文：龍鳳以藻繪呈瑞，虎豹以炳蔚凝姿；雲霞雕色，有踰畫工之妙；草木
　　　賁華，無待錦匠之奇。夫豈外飾，蓋自然耳。至於林籟結響，調如竽
　　　瑟；泉石激均（韻），和若球鍠：故形立則章成矣，聲發則文生矣。夫
　　　以無識之物，鬱然有采，有心之器，其無文哉？

印：奚南薰。墨孫知非。

按：本文出自南朝梁劉勰《文心雕龍》第一部分論「自然之道」。「則」字，
　　從「鼎」者爲籀文寫法。

出處：《奚南薰先生紀念專輯》P21。

編號：5805

名稱：篆書中堂

年代：1974 年新秋

釋文：衣上征塵雜酒痕，遠遊無處不銷魂。此身合是詩人未，細雨騎驢入劍
　　　門。放翁劍門道中作。

款文：甲寅新秋，奚南勳大病改名後作。

印：毘陵奚氏、六十更名南勳。

按：本文出自唐代詩人陸遊的古詩作品〈劍門道中遇微雨〉。

來源：《臺灣地區前輩美術家作品特展二，書法專輯》P160。

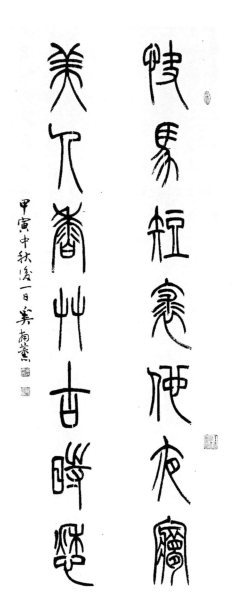

編號：5806

名稱：篆書對聯

年代：1974年中秋後一日

釋文：快馬短裘他夜夢，美人香草古時愁。

款文：甲寅中秋後一日，奚南薰。

印：銅雀硯齋、千年經衛心寧海、奚南薰印、墨葓。

來源：《臺灣地區前輩美術家作品特展二，書法專輯》P160

編號：5807

名稱：魯若衡先生書孝經

年代：1973/8

款文：癸丑秋仲，奚南薰題。

釋文：魯若衡先生書孝經

印：墨蕵長壽。湖蓉漁長。

按：魯蕩平（1895-1975），字若衡，湖南寧鄉道林人。1949 年渡臺，創辦《湖
南文獻》，在臺任國民大會代表、立法委員，湖南同鄉會理事長，為南社
少渡臺之社員之一。工書法，其書法深得于右任先生的讚賞。魯若衡先
生於 1964（民 53）曾出版〈魯若衡先生寫金剛經〉一書。

出處：《奚南薰先生紀念專輯》P40

編號：5808

名稱：篆書中堂

年代：1973/8

尺寸：137x68cm

款文：癸丑秋仲，墨蓀奚南薰。

釋文：上善降祥。上智斯悅。流謙潤下。潺湲皎潔。萍旨醴甘。冰凝鏡澈。
用之日新。挹之無竭。道隨時泰。慶與泉流。

印：奚南薰。

按：本文節錄唐歐陽詢〈九成宮醴泉銘〉後段銘文。

此作受邀至中華民國第七屆全國美術展覽參展。

出處：《中華民國第七屆全國美術展覽會專輯》第210頁。

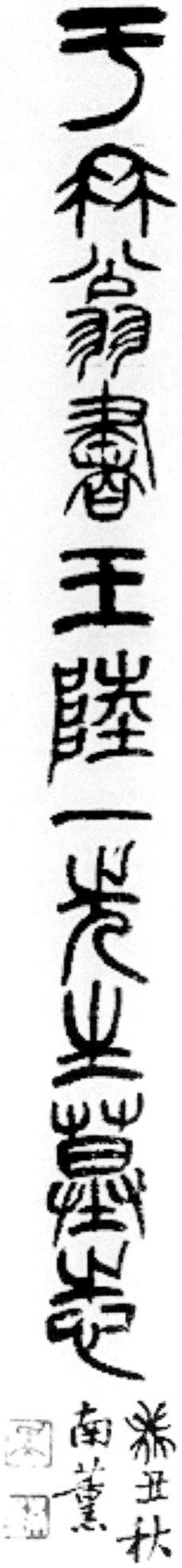

編號：5809

名稱：于髯翁書王陸一先生墓誌

年代：1973 秋

款文：癸丑秋，奚南薰。

印：奚，南薰。

按：〈王陸一墓誌銘〉是于右任先生一九四三年，爲舊部好友王陸一先生所書的墓銘。王陸一原爲于右任先生一手提拔任用的有識有才的青年，兩人交情甚密，是于右任革命活動中最親密的助手之一。

出處：《奚南薰先生紀念專輯》P63。

編號：5810

名稱：篆書扇面

年代：1973 冬月

款文：癸丑冬，為靈之先生屬，奚南薰。

釋文：陽月南飛雁，傳聞至此回。我行殊未已，何日復歸來。江靜潮初落，
　　　林昏障不開。明朝望鄉處，應見隴頭梅。

印：奚南薰，墨孫。

按：本文出自，清宋之問〈題大庾嶺北驛〉。其「靜」原為「靜」，「障」原為
　　「瘴」，二字均為通假。

出處：《奚南薰先生紀念專輯》P42。

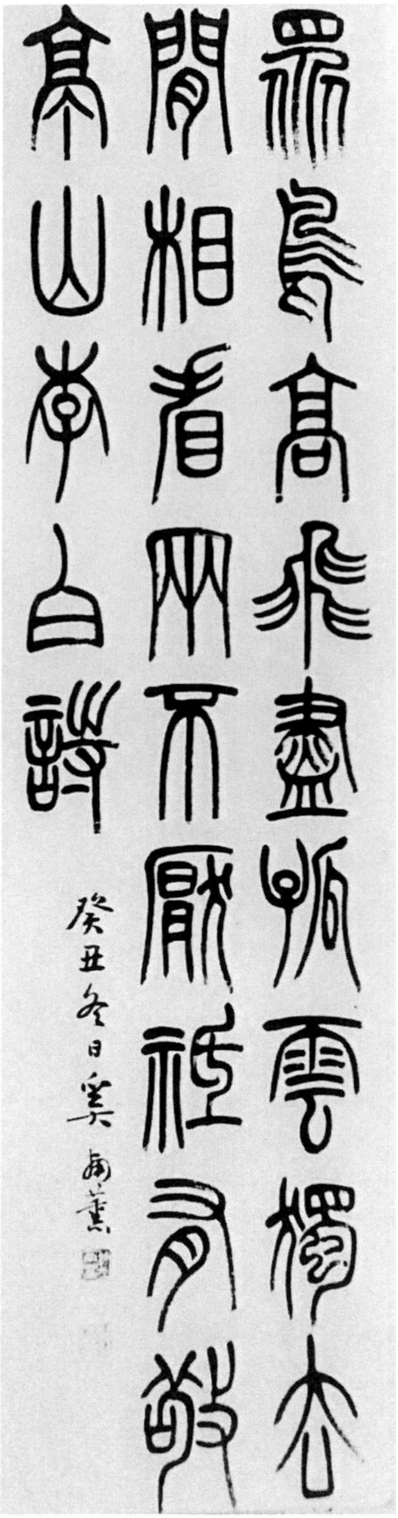

編號：5811

名稱：篆書條屏

年代：1973 冬日

款文：癸丑冬日，奚南薰。

釋文：眾鳥高飛盡，孤雲獨去閒；相看
兩不厭，祇有敬亭山。

印：奚南薰。

按：本文出自，唐李白〈敬亭獨坐〉。「只」
字作「祇」。

出處：林打敏老師提供。

編號：5901

名稱：篆書條幅

年代：1974/7（新秋）

款文：甲寅新秋試用日製羊毫，失之太
　　　剛，然亦頗有別趣。蓉湖漁長。

釋文：日暮東塘正落潮，孤蓬洎處雨瀟
　　　瀟。疏鐘野火寒山寺，記過吳橋
　　　第幾橋。

印：奚南薰印。墨蓀。

按：本文出自，清初王士禎〈夜雨題寒
　　山寺寄西樵〉。其作品「洎」字原
　　「泊」、第一個「橋」原為「楓」。

出處：《奚南薰先生紀念專輯》P63。

編號：5902

名稱：〈節臨秦瑯琊臺刻石（之二世詔）〉

年代：1974/7（新秋）

款文：秦瑯琊臺刻石。奚南薰。

釋文：金石刻，盡始皇帝所為也。今襲號而，不稱，其于久遠，後嗣為之，成功盛德。

印：奚南薰印。墨葊。

按：本文為二世詔內文。惟在「而」、「不稱」、「久遠」、「為之」等四處之後，均有脫跳缺字。此作為編號 5907 四體聯屏其一作品，而於〈節臨書譜〉落款處有「甲寅新秋」之紀年。

出處：《奚南薰先生紀念專輯》P74。

編號：5903

名稱：〈臨秦公簋〉

年代：1974/8/15（中秋）

款文：秦公簋字體極近石鼓，而筆勢流美，結構綿密，猶有過之，蓋與石鼓同為〔秦刻石〕先秦物，而時有先後也。甲寅中秋，奚南薰。

釋文：**蓋鑄銘**：秦公曰：丕顯朕皇祖，受天命，鼏宅禹責（迹）十又二公，在帝之坏嚴恭夤天命，保業厥秦，虩事蠻夏，余雖小子，穆穆帥秉明德，剌剌桓桓，萬民是敕。

　　　器鑄銘：咸畜胤士，盉盉文武，鎮靜不廷，虔敬朕祀，作宗彝，以卲皇祖，其嚴御各，以受屯魯多釐，眉壽無疆，畯疐在天，高弘有慶，竈囿四方，宜。

印：奚南薰印。墨蓀。

出處：《奚南薰先生紀念專輯》P38、39。

編號：5904

名稱：〈臨秦公簋〉

年代：1974/8/15（中秋）

款文：秦公簋字體與石鼓極為相近，而筆〔勢〕流美，結構綿密，猶有過之，可確同為先秦時物。甲寅中秋，奚南薰。

釋文：**蓋鑄銘**：秦公曰：丕顯朕皇祖，受天命，鼏宅禹責（迹）十又二公，在帝之坏嚴恭夤天命，保業厥秦，虩事蠻夏，余雖小子，穆穆帥秉明德，剌剌桓桓，萬民是敕。

器鑄銘：咸畜胤士，盍盍文武，鎮靜不廷，虔敬朕祀，作宗彝，以卲皇祖，其嚴御各，以受屯魯多釐，眉壽無疆，畯疐在天，高弘有慶，竈囿四方，宜。

按：與編號 5903 相同內文，落款不同而已。

來源：《時代生活》P21、P22。

編號：5905

名稱：篆書中堂

年代：1974 秋

款文：甲寅秋日，奚南薰。

釋文：聞道輿圖次第還，黃河依舊袍潼關。會當小駐平戎帳，饒益南亭看華山。

印：奚南薰印。墨蓀。

按：本文出自宋代陸游〈書事詩〉。其「依」字，作「身」字的左右反書（「殷」
　　的左半，《說文》：歸也），「讀若依」故可通假。《六書正偽》：「殷」的左
　　半，別作「依」。鄧石如、楊沂孫、吳大澂、吳昌碩均有此用例。

出處：《奚南薰先生紀念專輯》P22。

編號：5906

名稱：篆書中堂

年代：1974/11（冬仲）

款文：甲寅冬仲，墨蓀奚南薰。

釋文：三川北虜亂如麻，四海南奔似永嘉。但用東山謝安石，爲君談笑靜胡沙。

印：奚南薰印。墨蓀

按：此文出自唐李白〈永王東巡歌〉。作品中的「靜」字原詩爲「靜」。

出處：《奚南薰先生紀念專輯》P76。

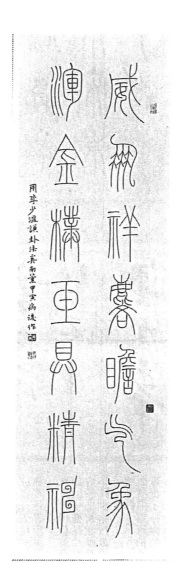

編號：5907

名稱：篆書對聯

年代：1974

釋文：威鳳翔麐（麟）瞻气（氣）象，渾金樸玉具精神。

款文：用李少溫謙卦法。奚南薰，甲寅病後作。

按：內文中「麐」、「麟」，「气」、「氣」為古今字。《說文》記述其「鳳」字爲
　　古文，而此作「玉」字與古文小異，係爲明清印譜及清人習用，如鄧石
　　如、吳讓之、吳昌碩等之寫法。

來源：《世界畫刊》第 715 期。

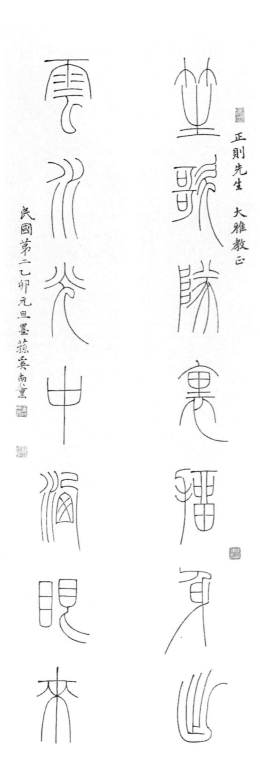

編號：6001

名稱：〈笙歌、雲水〉對聯

年代：1975/1/1

款文：正則先生，大雅教正。民國
　　　第二乙卯元旦，墨蓀奚南
　　　薰。

釋文：笙歌隊裏抽身出，雲水光中
　　　洒眼來。

印：茗華館。湖蓉漁長。奚南薰
　　印。墨蓀。

按：「搯」原意爲：引也或築牆布土。
　　是《說文解字》中「抽」字的
　　籒文。

出處：《奚南薰先生紀念專輯》
　　　P43。

編號：6002

名稱：禮運大同節

年代：1975/1

款文：中華民國六十四年元月。武進奚南薰書。

釋文：禮運大同節。大道之行也，天下爲公，選賢與能，講信修睦，故人不
獨親其親，不獨子其子，使老有所終，壯有所用，幼有所長，鰥寡孤
獨廢疾者皆有所養；男有分，女有歸，貨惡其棄於地也不必藏於己，
力惡其不出於身也不必爲己，是故謀閉而不興，盜竊亂賊而不作，故
外戶而不閉，是謂大同。

印：奚南薰。墨蔬無恙。

出處：《奚南薰先生紀念專輯》P14。

編號：6003

名稱：篆書條屏

年代：1975/2（春仲）

款文：已卯春仲，奚南薰病中作。

釋文：白玉一杯酒，綠陽三月時，春風餘幾日，兩鬢已成絲。秉燭惟須飲，
　　　投竿也未遲，如逢渭川獵，猶可帝王師。李白詩。

印：奚南薰。墨蒜無恙。

按：本文出自唐李白〈贈錢征君少陽〉。原為「一杯白玉酒，三月綠陽時」，
　　其「川」字原為「水」。「須」字寫法特殊，亦可見於鄧石如作品。

出處：《自立藝苑書畫選集》P129。

編號：6004

名稱：〈海近、天清〉

年代：1975/12（陽月）

款文：乙卯陽月奚南薰。

釋文：海近雲濤驚夜夢，天清絲管在高樓。

印：茗華館。奚南薰。墨葆無恙。

按：本文出自《古今聯語滙選》第七冊，集句八。上聯出於米芾，下聯出於
　　楊巨源。

出處：《奚南薰先生紀念專輯》P26。

編號：6101

名稱：篆書四屏

年代：1976

款文：余篆出於漢碑額，每嫌婉麗，此屏融合石鼓、開母爲之，稍見厚重。
　　　墨蓀奚南薰客台北二十三年矣。

釋文：夫以耿介拔俗之標，瀟灑出塵之想，度白雪以方潔，干青雲而直上，
　　　吾方知之矣。若其亭亭物表，皎皎霞外，芥千金而（不）盼，屣萬乘
　　　其不如脫。聞鳳吹於洛浦，值薪歌於延瀨，固亦有焉。壬子年春節書
　　　北山逡（遺）文。

印：奚南薰。墨孫知非。

按：本文出自南北朝孔稚珪〈北山移文〉。第三屏缺「不」字，應爲「芥千金
　　而不盼」。「屣萬乘其不如脫」之「不」字應爲奚南薰後補「芥千金而不
　　盼」之「不」字。逡，通「移」，假借爲「遺」。

出處：林打敏老師提供。

二、奚南薰無紀年篆書作品（以農曆紀年）

編號	作品名稱	年代	形式	作品內容	印章	來源
0001	〈節臨毛公鼎〉	無紀年（1965前寫）	中堂			《讀友畫刊》1965／3／29
0002	〈莫放、最難〉	無紀年	對聯	此聯出自清代學者孫星衍之聯。		林打敏老師
0003	〈雲行，登峯〉	無紀年	對聯			《書法教育》，2013年4月，第192期（疑僞）
0004	篆書中堂	無紀年	中堂	〈節臨唐李陽冰城隍廟碑〉。		《臺灣藝術經典大系——渡海碩彥、書海揚波》P147
0005	篆書中堂	無紀年	中堂	杜甫詩。	印31	《時代生活》P14
0006	篆書中堂	無紀年	中堂	清龔自珍《己亥雜詩》。	印31	《時代生活》P17
0007	〈光彩，性雲〉	無紀年	對聯	此文出自唐楊巨源〈送司徒童子〉詩。		《書法教育》，2007年8月31日，第125期。
0008	〈萬物，七情〉	無紀年	對聯			《書法教育》，2009年4月1日，第144期。
0009	〈閬苑，春城〉	無紀年	對聯	贈建平先生。上聯出自唐李商隱〈碧城三首〉詩，下聯出自唐韓翃〈寒食〉詩。		《書法教育》，2008年1月1日，第129期
0010	篆書中堂	無紀年	中堂	出自王昌齡〈出塞〉詩。		黃智陽先生藏。
0011	〈中山（樓中華）文化堂落成紀念文〉	無紀年	中堂			《1990臺灣美術年鑑》P505
0012	〈金奠、鳳管〉	無紀年	對聯			《中華民國第一屆全國書畫展覽作品集》第128頁
0013	篆書中堂	無紀年	中堂			《書法教育》，2007年8月31日，第125期
0014	〈雲錦，綸巾〉	無紀年	對聯	贈裕洲先生。	印3	《中國書畫》第11期P26
0015	篆書中堂	無紀年	中堂	《說文解字》敘		《世界畫刊》第715期
0016	〈如入、欲窮〉	無紀年	對聯	贈靈之先生。此聯出自俞樾題浙江杭州適園。	印3 印4	《奚南薰先生紀念專輯》P51
0017	〈節臨石鼓文〉	無紀年	中堂		印3 印4	《奚南薰先生紀念專輯》P52
0018	〈節臨漢袁安碑〉	無紀年	中堂		印31 印32	《奚南薰先生紀念專輯》P68

0019	篆書斗方	無紀年	橫幅	贈洒雲先生。此文出自王安石詩詞全集卷二十六。〈秣陵道中口占〉之一。	印12印11	《奚南薰先生紀念專輯》P73
0020	篆書橫批	無紀年	橫幅	此作出自宋朱熹〈觀書有感〉。	印7印8	《奚南薰先生紀念專輯》P19
0021	〈物外、人間〉	無紀年	對聯	贈仲昆先生。此聯句出自王安石〈登小茅山詩〉。	印33印34	《奚南薰先生紀念專輯》P32
0022	〈仁德、龢氣〉	無紀年	對聯	此聯集《焦氏易林》語而成聯。		林打敏老師
0023	〈放翁詩〉	無紀年（1970前寫）	中堂	此作內容爲南宋陸遊〈秋夜將曉出籬門迎涼有感〉。		《世界畫刊》第453期
0024	〈臨虢羌鐘〉	無紀年	聯屏		印3印2	《奚南薰先生紀念專輯》P58、59
0025	篆書橫批	無紀年	橫批	出自宋代趙令時之詩。		《時代生活》1986年1月，P18
0026	篆書橫批	無紀年	橫批	贈東聲先生。本文出自唐李白〈永王東巡歌〉，與作品編號5906內文相同。		《書法教育》第127期，2007年10月31日
0027	篆書中堂	無紀年	中堂	此作內容爲宋林升〈題臨安邸〉。	印7印8	林打敏老師
0028	蔣總統嘉言	無紀年	中堂		印3印4	林打敏老師
0029	蔣總統嘉言	無紀年	中堂		印3印4	《中國當代名家書畫選》
0030	〈節臨漢開母石闕〉	無紀年	中堂	此內文段落無按照石闕順序所寫。		林打敏老師
0031	〈道藝、莉花〉	無紀年	對聯	贈道純先生、莉芳小姐嘉禮。	印7印8	《奚南薰先生紀念專輯》P49
0032	〈靜者、飄然〉	無紀年	對聯	「靜者心多妙」一句出自杜甫〈寄張十二山人彪三十韻〉「飄然思不群」一句出自杜甫〈春日憶李白〉	印35印36	《奚南薰先生紀念專輯》P72
0033	篆書條幅141×37cm	無紀年	條幅	此作內容爲宋王安石〈讀蜀志詩〉。		《中華民國第六屆全國美術展覽專輯》P176
0034	〈節臨秦瑯琊臺刻石〉	無紀年	條幅			林打敏老師
0035	〈無跡，忘機〉	無紀年	對聯	金庸《鹿鼎記》第四回。	印3	《世界畫刊》第715期
0036	〈笙歌，雲水〉	無紀年	對聯	贈星禧先生。與作品編號6001內文相同，但書寫風格不同。		《書法教育》第131期，2008年3月1日
0037	〈拳石、膽瓶〉	無紀年	對聯	贈靈之先生。原此聯爲「拳石閑臨黃子久，膽瓶斜插紫丁香」，後爲張大千所改。	印3印24	《奚南薰先生紀念專輯》P37

0038	〈聞鐘、攬鏡〉	無紀年	對聯	贈本農先生。此聯出自古今聯語匯選第八冊，集句九。	印3 印24	《奚南薰先生紀念專輯》P41
0039	〈鹿鳴、鳥步〉	無紀年	對聯	贈士英先生。本聯出自溥心畬，寒玉堂聯文。	印3 印24	《奚南薰先生紀念專輯》P45
0040	〈節臨秦公簋〉	無紀年	中堂	此內容爲〈秦公簋〉之「器鑄銘」內容斷斷續續。	印3 印4	《奚南薰先生紀念專輯》P50
0041	〈青山、秋水〉	無紀年	對聯	此聯爲蘇軾詩句聯。下聯原爲「秋水爲神不染塵」。	印3	林打敏老師
0042	〈每當、如在〉	無紀年	對聯	此聯爲白居易〈題歧王舊山池石壁〉詩句。	印7 印6	林打敏老師
0043	〈秋氣、春光〉	無紀年	對聯	此聯爲錢名山先生句。	印3	林打敏老師
0044	篆書中堂	無紀年	中堂	此作內容爲南宋陸遊〈雨夜〉。	印7 印8	林打敏老師
0045	〈萬物、四時〉	無紀年	對聯	此聯出於北宋程顥〈秋日偶成〉一詩	印7 印8	林打敏老師
0046	〈蕉心、湖水〉	無紀年	對聯	上聯原爲蘇軾：「蕉心不展待時雨，葵葉爲誰傾斜陽」。下聯出自黃庭堅〈秋懷二首〉一詩。		林打敏老師
0047	〈疇陳、天降〉	無紀年	對聯			林打敏老師
0048	〈秋樹、莫天〉	無紀年	對聯		印3 印24	林打敏老師
0049	〈花怯、柳搖〉	無紀年	對聯	出自清袁枚《隨園詩話》之句。		林打敏老師
0050	篆書聯屏	無紀年	聯屏	出自〈大唐三藏聖教序〉一文		林打敏老師
0051	〈臨韓仁銘碑額〉	無紀年		趙之謙同學此碑額。	印19 印20	《奚南薰先生紀念專輯》P54、55
0052	〈竹搖、松掛〉	無紀年	對聯		印19 印37	林打敏老師

編號：0001

名稱：〈節臨毛公鼎〉

年代：無紀年（1965 前寫，50 歲前寫）

釋文：王若曰：「父厝！丕顯文武，皇天引厭厥德，配我有周，雁（膺）受大
　　　命，衒（率）裹（懷）不廷方。

款文：毛公鼎，奚南薰。

按：圖片來源出自於〈中華民國中醫藥學會會友四種展覽特輯〉，《讀友畫刊》
　　（臺北，1965 年 3 月 29 日）故此作必爲 1965 年以前所寫。

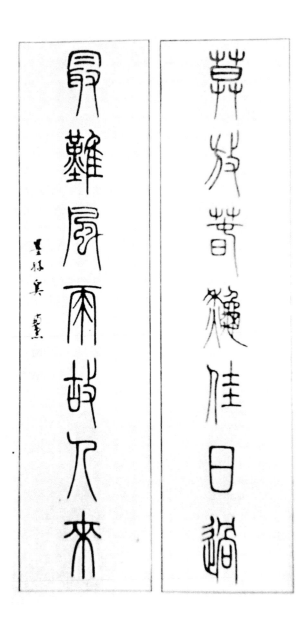

編號：0002

名稱：〈莫放、最難〉對聯

年代：無紀年（推 51 歲、52 歲傾）

釋文：莫放春秋佳日過，最難風雨故人來。

款文：墨孫奚南薰。

按：此聯出自清代學者孫星衍之聯。

來源：林打敏老師提供。

編號：0003

名稱：〈雲行，登峯〉對聯（疑偽）

年代：無紀年（推 55 歲前）

釋文：雲行霶雨施，登峯斯造極。

款文：祖燕先生之。墨孫奚南薰。

按：此件作品與奚南薰篆書書風極為不同，且加上款文書寫方式有相當大的
　　差異，認為此件作品疑偽。

來源：《書法教育》，2013 年 4 月，第 192 期。

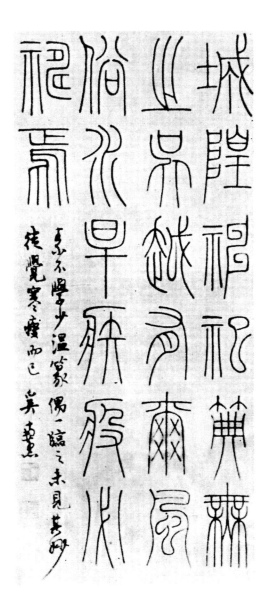

編號：0004

名稱：篆書中堂

年代：無紀年（推 55 歲前）

款文：素不學少溫篆，偶一臨之，未見其妙，徒覺寒瘦而已。奚南薰。

釋文：城隍神，祀典無之，吳越有爾。風俗水旱疾疫必禱焉。

按：本文〈節臨唐李陽冰城隍廟碑〉爲碑文開頭數句。

來源：《臺灣藝術經典大系——渡海碩彥、書海揚波》P147。

編號：0005

名稱：篆書中堂

年代：無紀年（推 55 歲前）

釋文：華騮開道路，鷹隼出風塵。杜詩。

款文：明璋先生正篆，奚南薰。

印：毘陵奚氏。

按：本文出自杜甫詩。內文中的「騮」字原作「緰」，《說文》無「緰」字。

來源：《時代生活》1986 年 1 月 10 日，P14。

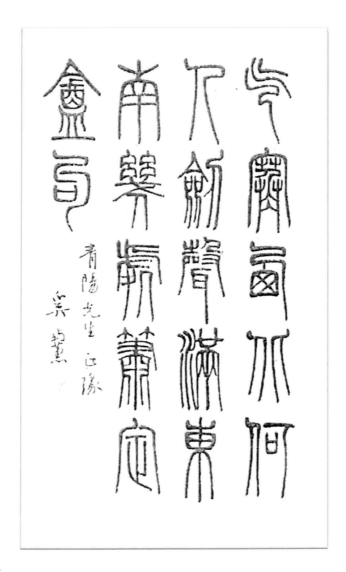

編號：0006

名稱：篆書中堂

年代：無紀年（推 55 歲前）

釋文：氣寒西北何人劍，聲滿東南幾處簫。定盦句。

款文：青陽先生正篆，奚南薰。

印：毘陵奚氏。

按：《說文》記載「劍」字，為正篆，從刃；「劍」字，為籒文，從刀。本文
　　出自清龔自珍《己亥雜詩》。

來源：《時代生活》1986 年 1 月 10 日，P17。

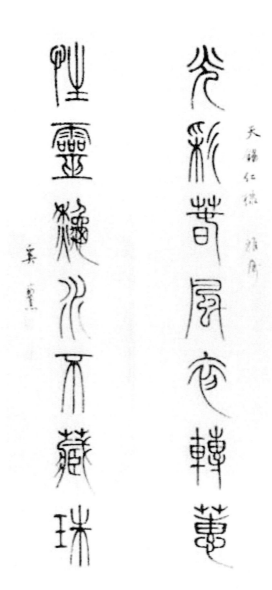

編號：0007

名稱：〈光彩，性靈〉對聯

年代：無紀年（推 55 歲前）

釋文：光彩春風初轉蕙，性靈秋水不藏珠。

款文：天錫仁棣雅屬。奚南薰。

按：此文出自唐楊巨源〈送司徒童子〉詩。

來源：《書法教育》，第 125 期，2007 年 8 月 31 日。

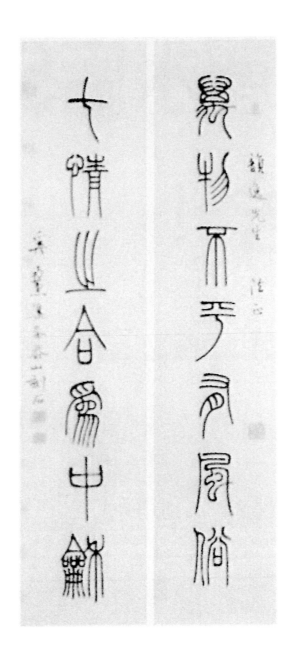

編號：0008

名稱：〈萬物，七情〉對聯

年代：無紀年（推 55 歲前）

釋文：萬物不平有風俗，七情之合爲中和。

款文：韻逸先生法正。奚南薰集秦泰山刻石。

來源：《書法教育》，第 144 期，2009 年 4 月 1 日。

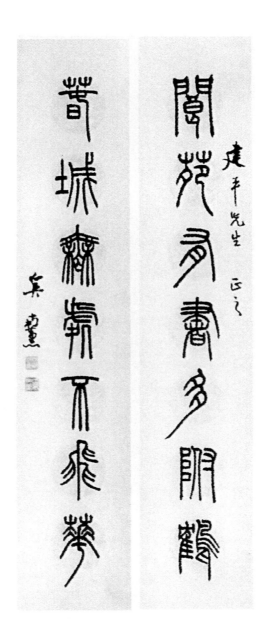

編號：0009

名稱：〈閬苑，春城〉對聯

年代：無紀年（推 55 歲前）

釋文：閬苑有書多附鶴，春城無處不飛花。

款文：建平先生正之，奚南薰。

按：本文上聯出自唐李商隱〈碧城三首〉詩，下聯出自唐韓翃〈寒食〉詩。

來源：《書法教育》，第 129 期，2008 年 1 月 1 日。

（篆書作品）

編號：0010

名稱：篆書中堂

年代：無紀年（推 55 歲前）

釋文：秦時明月漢時關，萬里長征人未還。但使龍城飛將在，不叫胡馬渡陰山

款文：奚南薰。

按：本文出自王昌齡〈出塞〉詩。

來源：黃智陽先生提供。

編號：0011

名稱：〈中山（樓中華）文化堂落成紀念文〉

年代：無紀年（51 歲後至 53 歲前）

釋文：三民主義之思想，乃以天地萬物一體之仁爲中心，即所謂性之德也，
　　　合外內之道也，故時措之宜也。

款文：蔣總統中山文化堂落成紀念文，武進奚南薰恭書。

按：中山樓中華文化堂於民國五十五年十一月落成，故此件應爲先生五十一
　　歲以後不久之作。

出處：雄獅美術刊行《1990 臺灣美術年鑑》P505

編號：0012

名稱：〈金奩、鳳管〉對聯

年代：無紀年（推53歲）

釋文：金奩銀燭銷春雨，鳳管鸞笙護紫雲。

款文：奚南薰。

按：「雨」字的寫法與5101、5201相同。此作為55歲前作。

出處：《中華民國第一屆全國書畫展覽作品集》，1970年3月25日，第128頁。

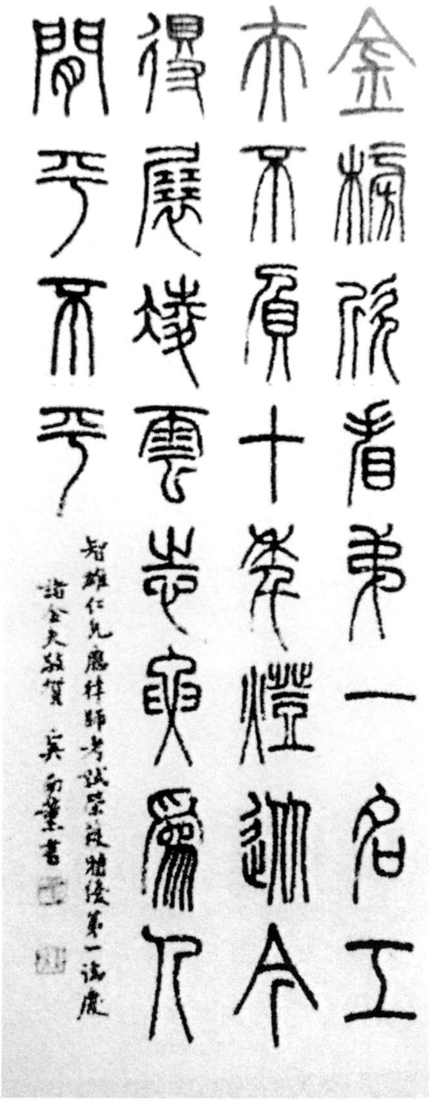

編號：0013

名稱：篆書中堂

年代：無紀年

釋文：金榜欣看第一名，工夫不負十年燈。從今得展凌雲至，黿為人間平不平。

款文：智雄仁兄應律師考試，榮獲特優第一誌慶。諸金夫敬賀。奚南薰書。

按：「黿」字等同「要」字。

出處：《書法教育》，第 125 期，2007 年 8 月 31 日。

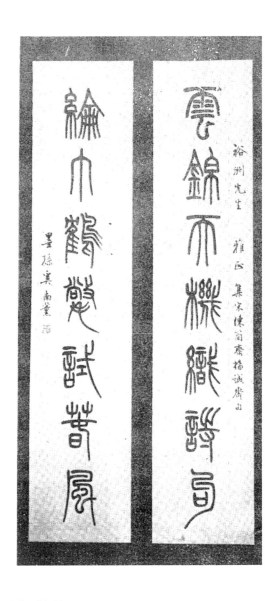

編號：0014

名稱：〈雲錦，綸巾〉對聯

年代：無紀年（1973 年初刊，定爲 58 歲前寫，推 55 歲前）

釋文：雲錦天機織詩句，綸巾鶴氅試春風。

款文：裕洲先生雅正，集宋陳簡齋、楊城齋句。墨孫，奚南薰。

印：奚南薰。

按：「氅」字於《說文》中爲新附字。下聯出自陳與義（陳簡齋）〈懷天經智
　　老因訪之〉。

來源：《中國書畫》第 11 期，1973 年 10 月，P26。

編號：0015

名稱：篆書中堂

年代：無紀年（推 55 歲前）

釋文：黃帝之史倉頡，見鳥獸蹄迒之跡，知分理之可相別異也，初造書契。
百工以乂，萬品以察，蓋取諸夬。

款文：墨孫，奚南薰。

印：奚南薰，墨孫。

按：本文出自《說文解字・敘》。

來源：《世界畫刊》第 715 期，1975 年 2 月 15 日。

編號：0016

名稱：〈如入、欲窮〉對聯

年代：無紀年（推 55 歲前）

釋文：如入萬重山，不離三畝地。欲窮千里目，更上一層樓。

款文：靈之先生屬正。墨孫奚南薰。

印：奚南薰。墨孫知非。

按：此聯出自俞樾題浙江杭州適園。與編號 0007 贈同一人。

出處：《奚南薰先生紀念專輯》P51。

編號：0017

名稱：〈節臨石鼓文〉

年代：無紀年（推 55 歲前）

款文：石鼓文，墨孫。

釋文：汧殹沔，烝彼淖淵。鰋鯉處之，君子漁之。溉又小魚，其游走散走散。
帛魚鱳，其盜氏鮮。

印：奚南薰。墨孫知非。

出處：《奚南薰先生紀念專輯》P52。

編號：0018

名稱：〈節臨漢袁安碑〉

年代：無紀年（推 55 歲前）

款文：漢袁安碑，墨孫。

釋文：司徒公汝南女陽袁安召（公）永平三年二（月）庚午以孝廉除郎中。
　　　庚午。

印：毘陵奚氏。南薰信印。

按：本文少「公」、「月」二字。另在「公」後、「中」後，均有數字跳脫。

出處：《奚南薰先生紀念專輯》P68。

編號：0019

名稱：篆書斗方

年代：無紀年（推 55 歲前）

釋文：經世才難就，歸田夢已迷。慇勤將白髮，下馬照青谿。

款文：遐雲先生正之。墨孫奚南薰。

印：南薰長壽。毘陵奚氏。

按：本文出自王安石〈秣陵道中口占〉。

出處：《奚南薰先生紀念專輯》P73。

編號：0020

名稱：篆書橫批

年代：無紀年（推 55 歲傾）

釋文：半畝方塘一鑑開，天光雲影共徘徊；問渠那得清如許？為有源頭活水來。宋朱子詩。

款文：墨孫奚南薰。

印：奚南薰印。墨蓀。

按：本文出自宋朱熹〈觀書有感〉。內文「景」通「影」、「裵回」俗作「徘徊」，「原」字使用古籀文「厡」，用為「源」

出處：《奚南薰先生紀念專輯》P19。

編號：0021

名稱：〈物外、人間〉對聯

年代：無紀年（推 55 歲傾）

釋文：物外眞游來几席，人間榮顯付苓通。

款文：仲昆道長雅正。墨孫奚南薰。

印：奚南薰印。墨孫私印。

按：此聯句出自王安石〈登小茅山詩〉：捫蘿路到半天窮，下視淮州杳靄中。

物外眞游來几席，人間榮顯付苓通。其「顯」字原詩是「願」。

出處：《奚南薰先生紀念專輯》P32。

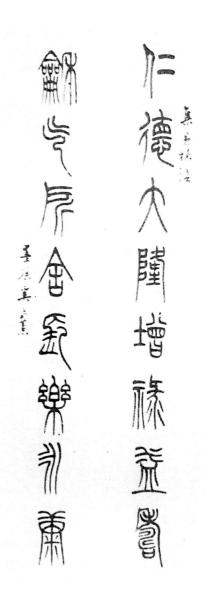

編號：0022

名稱：〈仁德、龢氣〉對聯

年代：無紀年（推 55 歲前）

釋文：仁德大隆增祿益壽，龢氣所舍長樂永康。

款文：集易林語。墨孫奚南薰。

按：此聯集《焦氏易林》語而成聯。

出處：林打敏老師提供。

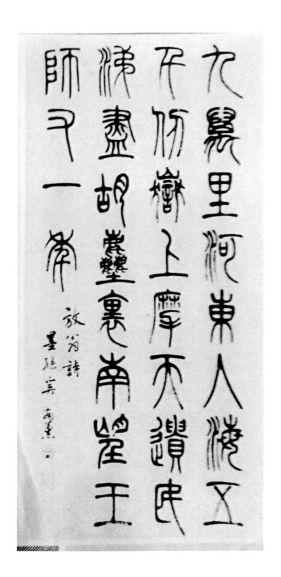

編號：0023

名稱：〈放翁詩〉

年代：無紀年（推 55 歲，1970 年前）

釋文：九萬里河東入海，五千仞嶽上摩天。遺民涕盡胡塵裡，南望王師又一年。

款文：放翁詩。墨孫奚南薰。

按：此作內容為南宋陸遊〈秋夜將曉出籬門迎涼有感〉。原詩為「三」萬里…
　　遺民「淚」。

出處：圖片來源出自於《世界畫刊》（1970 年 2 月 7 日）第 453 期。故此作必
　　為 1970 年以前所寫。

編號：0024

名稱：〈臨驫羌鐘〉

年代：無紀年（推 55 歲後）

款文：驫羌鐘，南薰臨。

釋文：唯廿又再祀，驫羌作戎，厥辟韓宗，率征秦迮齊入長城，先會于平陰。
武侄寺力，矗斂楚京。賞于韓宗，令于晉公，邵于天子。用明則之于
銘，武文刺，永葉毋忘。

印：奚南薰。千年精衛心塡海。

按：此作若依印，與編號 4801 相同用印，若依署名，為 55 歲後作，而此作
線條與 55 歲後作的作品較為相似，所以此作推為 55 歲後。

出處：《奚南薰先生紀念專輯》P58、59。

編號：0025

名稱：篆書橫批

年代：無紀年（推 55 歲後）

釋文：夜深樓上撥書暝，天在闌干四角邊，風掃亂雲豪髮盡，獨留壁月照人圓。

款文：南薰。

按：本文出自宋代趙令時之詩。原詩的「眠」改為「暝」、「毫」改為「豪」。

出處：《時代生活》1986 年 1 月 10 日，P18

編號：0026

名稱：篆書橫批

年代：無紀年（推 55 歲後）

釋文：三川北虜亂如麻，四海南奔似永嘉。但用東山謝安石，爲君談笑靜胡沙。

款文：東聲先生雅正。南薰。

按：此文出自唐李白〈永王東巡歌〉。作品中的「靜」字原詩爲「靜」。與作
　　品編號 5906 內文相同，但形式不同。

出處：《書法教育》第 127 期，2007 年 10 月 31 日。

編號：0027

名稱：篆書中堂

年代：無紀年（推 55 歲後）

釋文：山外青山樓外樓，西湖歌舞幾時休。煥（煖）風薰得遊人醉，直把杭
　　　州作汴州。

款文：奚南薰。

印：奚南薰印。墨蓀。

按：本文出自宋林升〈題臨安邸〉詩。「暖」與「煥」（煖）爲古今字，「汴」
　　　與「汳」爲古今字。

出處：林打敏老師提供。

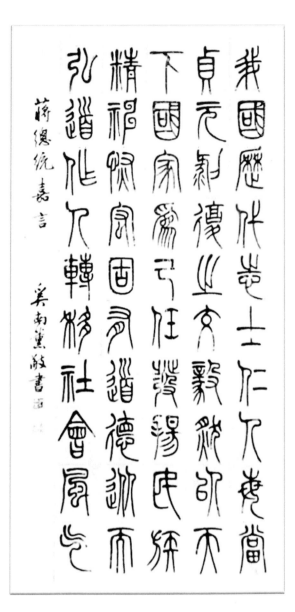

編號：0028

名稱：蔣總統嘉言

年代：無紀年（推 55 歲後）

釋文：我國歷代志士仁人，每當貞元剝復之交，毅然以天下國家爲己任，發
　　　揚民族精神，恢宏固有道德，從而弘道作人，轉移社會風氣。

款文：蔣總統嘉言，奚南薰敬書。

出處：林打敏老師提供。

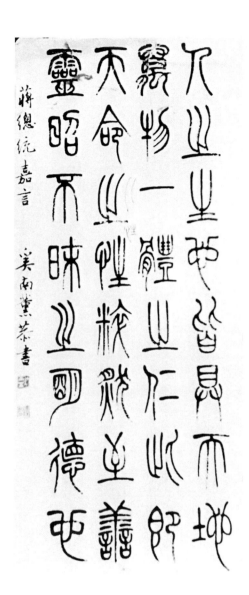

編號：0029

名稱：蔣總統嘉言

年代：無紀年（推 55 歲後）

釋文：人之生也，皆具天地萬物一體之仁，此即天命之性，粹然至善，靈詔
　　　不昧之明德也。

款文：蔣總統嘉言，奚南薰恭書。

印：奚南薰。墨孫知非。

出處：《中國當代名家書畫選》。

編號：0030

名稱：〈節臨漢開母石闕〉

年代：無紀年

款文：漢開母石闕，南薰臨。

釋文：翩彼飛雉，祥符瑞靈，陰
陽穆清，興雲降雨，守一
不歇，比性乾坤，福祿來
返，相宥我君，千秋萬祀，
德洋溢而溥優，則文燿。

出處：林打敏老師提供。

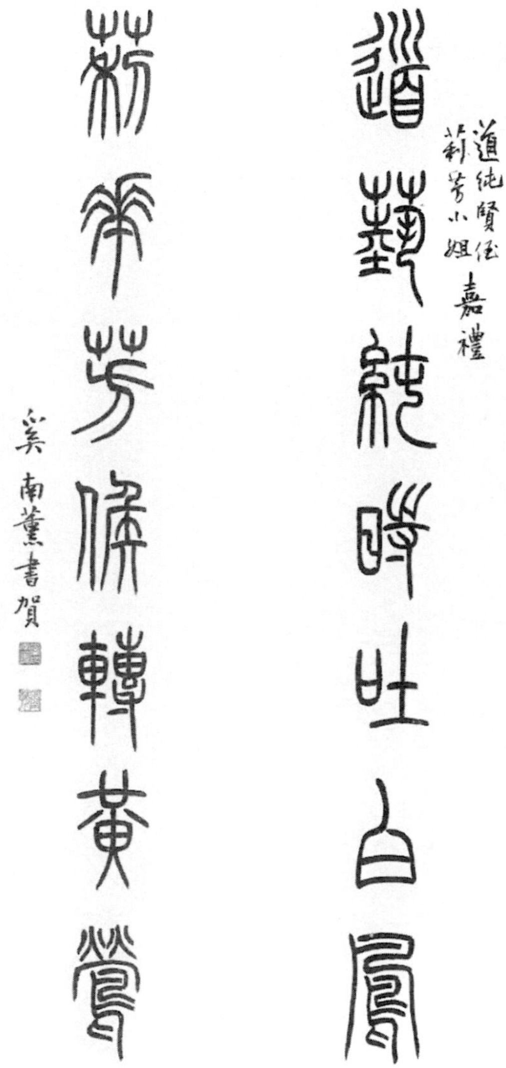

編號：0031

名稱：〈道藝、莉花〉對聯

年代：無紀年

釋文：道藝純時吐白鳳，莉花芳候轉黃鶯。

款文：道純賢侄、莉芳小姐嘉禮。奚南薰書賀。

印：奚南薰印。墨蓀。

出處：《奚南薰先生紀念專輯》P49。

編號：0032

名稱：〈靜者、飄然〉對聯

年代：無紀年（推 55 歲後）

款文：墨蓀奚南薰。

釋文：靜者心多妙，飄然思不群。

印：奚南薰。墨蓀。

按：「靜者心多妙」一句出自杜甫〈寄張十二山人彪三十韻〉。

　　「飄然思不群」一句出自杜甫〈春日憶李白〉。

出處：《奚南薰先生紀念專輯》P72。

編號：0033

名稱：篆書條幅

年代：無紀年

尺寸：141×37cm

釋文：千古紛爭等一毛，可憐身世兩徒勞。無人語與劉玄德，問舍求田計最高。

款文：奚南薰。

按：本文出自宋王安石〈讀蜀志詩〉。其「計」原本爲「意」。此作受邀至中
　　華民國第六屆全國美術展覽參展。

出處：《中華民國第六屆全國美術展覽專輯》P176。

編號：0034

名稱：〈節臨秦瑯琊臺刻石〉

年代：無紀年

釋文：金石刻，盡始皇帝所爲也。今
　　　襲號而，不稱，其于久遠，後
　　　嗣爲之，成功盛德。

印：奚南薰印。墨蒜。

按：此作爲四屏之一屏。內容爲殘存
　　的二世詔文。在「號」字、「也」
　　字之後，各有數字跳脫。

出處：林打敏老師提供。

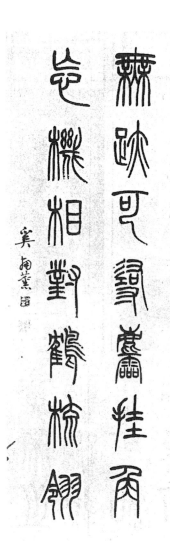

編號：0035

名稱：〈無跡，忘機〉對聯

年代：無紀年（1975年初刊，所以為60歲前作，推56歲後作）

釋文：無跡可尋羚挂（掛）角，忘機相對鶴梳翎。

款文：奚南薰。

印：奚南薰。

按：本聯出自金庸《鹿鼎記》第四回。內文中「羚」自在《說文》中為俗寫，「挂」、「掛」為古今字。

來源：《世界畫刊》第715期，1975年2月15日。

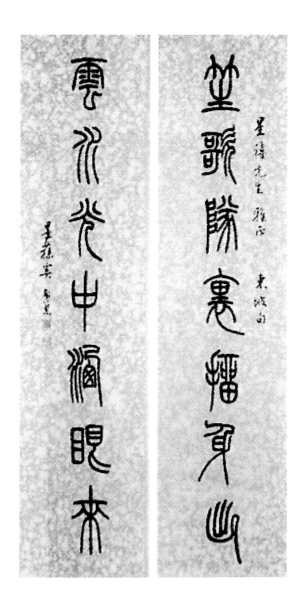

編號：0036

名稱：〈笙歌，雲水〉對聯

年代：無紀年（推 56 歲後作）

釋文：笙歌隊裏抽身出，雲水光中洒眼來。

款文：星禧先生雅正。東坡句。墨蓀奚南薰。

按：「摺」原意爲：引也或築牆布土。是《說文解字》中「抽」字的籀文。

　　與作品編號 6001 內文相同，但書寫風格不同。

來源：《書法教育》第 131 期，2008 年 3 月 1 日。

編號：0037

名稱：〈拳石、膽瓶〉對聯

年代：無紀年（推 56 歲後）

釋文：拳石畫臨黃子久，膽瓶花插紫丁香。

款文：靈之先生雅正。墨蓀奚南薰。

按：此聯爲張大千所改，原爲「拳石閑臨黃子久，膽瓶斜插紫丁香」。

出處：《奚南薰先生紀念專輯》P37。

聞鐘未可虛清夜

攬鏡還應及妙年

本農仁仲雅鑒

墨蓀奚南薰

編號：0038

名稱：〈聞鐘、攬鏡〉對聯

年代：無紀年（推 56 歲後）

釋文：聞鐘未可虛清夜，攬鏡還應及妙年。

款文：本農仁仲雅鑒。墨蓀奚南薰。

印：奚南薰。墨蓀無恙。

按：此聯出自古今聯語匯選第八冊，集句九。

出處：《奚南薰先生紀念專輯》P41。

編號：0039

名稱：〈鹿鳴、鳥步〉對聯

年代：無紀年（推 56 歲後）

釋文：鹿鳴綠野存詩義，鳥步蒼苔識古文。

款文：士英先生雅正。墨蓀奚南薰。

印：奚南薰。墨蓀無恙。

按：本聯出自溥心畬，寒玉堂聯文

出處：《奚南薰先生紀念專輯》P45。

編號：0040

名稱：〈節臨秦公簋〉（器鑄銘）

年代：無紀年（推 56 歲後）

款文：秦公簋，奚南薰臨。

釋文：咸畜胤士，盍盍文武，鎮靜不廷，其嚴御各，以受屯魯多釐，眉壽無
　　　疆，高弘有慶，竈囿四方

印：奚南薰。墨孫知非。

按：此文出自〈秦公簋〉器鑄銘。

出處：《奚南薰先生紀念專輯》P50。

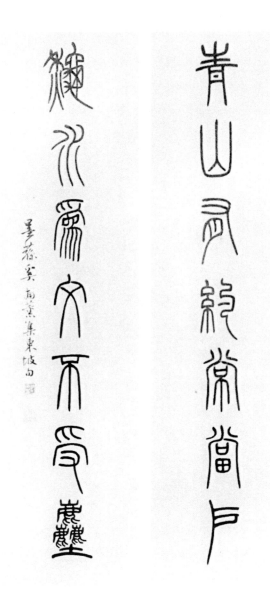

編號：0041

名稱：〈青山、秋水〉對聯

年代：無紀年（推 56 歲後）

釋文：青山有約常當戶，秋水為文不受塵。

款文：墨蓀奚南薰集東坡句。

印：奚南薰。

按：此聯為集蘇軾詩句，下聯原為「秋水為神不染塵」。

出處：林打敏老師提供。

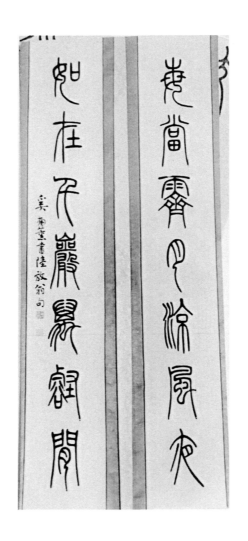

編號：0042

名稱：〈每當，如在〉對聯

年代：無紀年（推56歲後）

釋文：每當霽月涼風夜，如在千巖萬壑間。

款文：奚南薰書陸放翁句。

印：奚南薰。墨蓀。

按：此聯出自唐白居易〈題岐王舊山池石壁〉詩：況當霽景涼風後，如在千
　　巖萬壑間。先生於此上聯「況」改成「每」字。此作若依印，與編號5101、
　　5401相同用印，若依屬名，為56歲後作，而此作與編號5601線條相似，
　　所以此作推為56歲後作。

出處：林打敏老師提供。

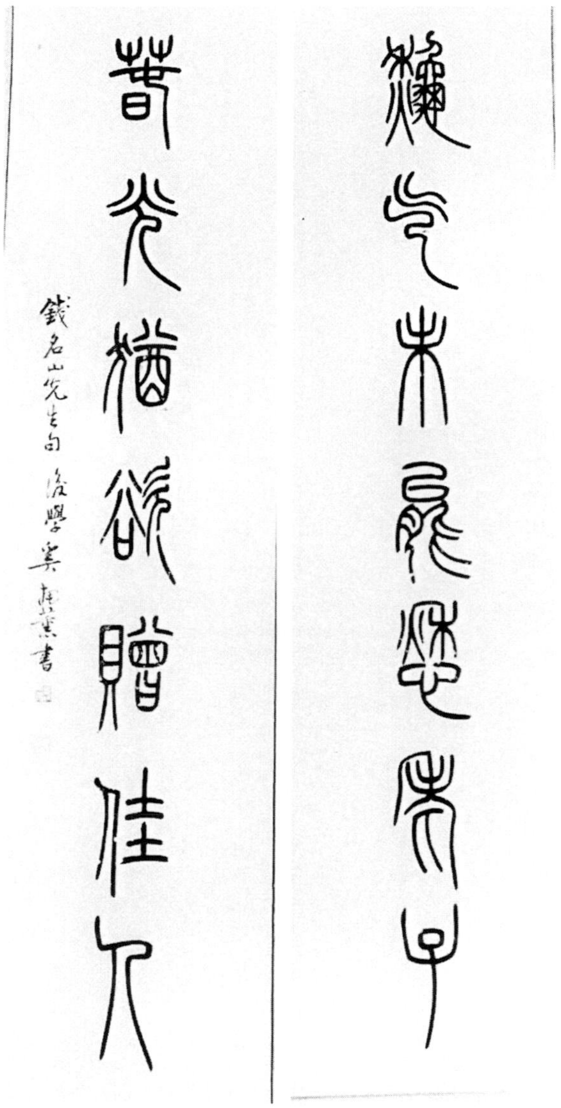

編號：0043

名稱：〈秋氣，春光〉對聯

年代：無紀年（推 56 歲後）

釋文：秋氣未能愁老子，春光猶欲贈佳人。

款文：錢名山先生句。後學奚南薰書。

印：奚南薰。墨蓀。

出處：林打敏老師提供。

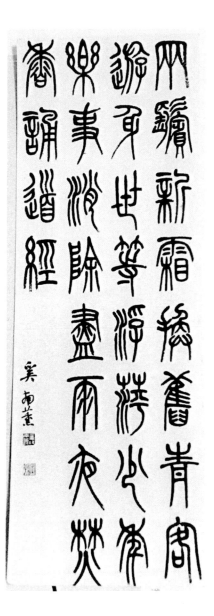

編號：0044

名稱：篆書中堂

年代：無紀年（推 56 歲後）

釋文：兩鬢新霜換舊青，客遊身世等浮萍。少年樂事消除盡，雨夜焚香誦道經。

款文：奚南薰。

印：奚南薰印。墨蓀。

按：本文出自南宋陸遊〈雨夜〉詩。

出處：林打敏老師提供。

編號：0045

名稱：〈萬物、四時〉對聯

年代：無紀年（推 56 歲後）

釋文：萬物靜觀皆自得，四時佳興與人同。

款文：墨蓀奚南薰。

印：奚南薰印。墨蓀。

按：此聯出於北宋程顥〈秋日偶成〉一詩。

出處：林打敏老師提供。

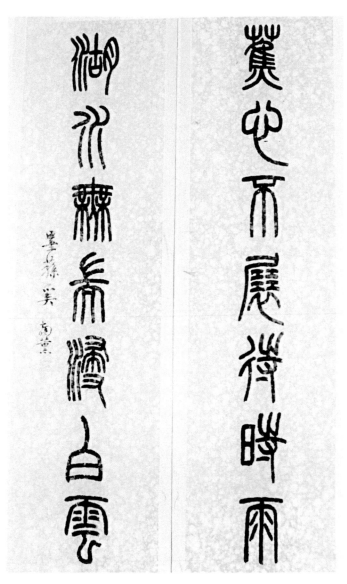

編號：0046

名稱：〈蕉心、湖水〉對聯

年代：無紀年（推 56 歲後）

釋文：蕉心不展待時雨，湖水無崣（端）浸白雲。

款文：墨蓀奚南薰。

按：上聯原爲蘇軾〈題淨因壁〉詩：「蕉心不展待時雨，葵葉爲誰傾斜陽。」
　　下聯出自黃庭堅〈秋懷二首〉一詩。

出處：林打敏老師提供。

編號：0047

名稱：〈疇陳、天降〉對聯

年代：無紀年（推 56 歲後）

釋文：疇陳五福惟明德，天降千祥在體仁。

款文：墨蓀奚南薰。

出處：林打敏老師提供。

編號：0048

名稱：〈秋樹、莫天〉對聯

年代：無紀年（推 56 歲後）

釋文：秋樹亂山銜落日，莫（暮）天寒水鍊明霞。

款文：墨蓀奚南薰書回文。

印：奚南薰。墨蓀無恙。

按：回文爲：霞明鍊水含天暮，日落銜山亂樹秋。

出處：林打敏老師提供。

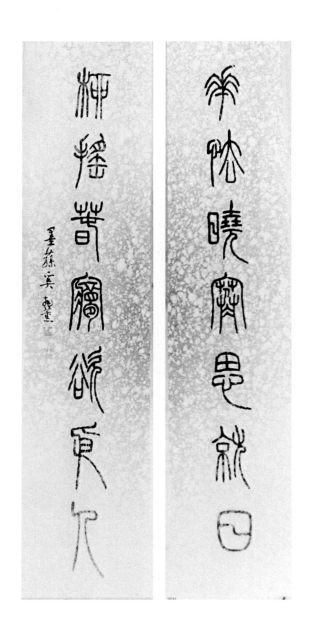

編號：0049

名稱：〈花怯、柳搖〉對聯

年代：無紀年（推 56 歲後）

釋文：花怯曉寒思就日，柳搖春夢欲依人。

款文：墨蓀奚南薰。

按：此聯出自清袁枚《隨園詩話》之句。其「依」字作（「身」字反書），另
　　見 5904。

出處：林打敏老師提供。

編號：0050

名稱：篆書四聯屏

年代：無紀年

釋文：松風水月，未足比其清華；仙露明珠，詎能方其朗潤。故以智通無纍，
神測未形，超六塵而迥出，隻千古而無對。凝心內境，悲正法之陵遲，
棲慮玄門，慨深文之訛謬。思欲分條析理，廣彼前聞，截偽續眞，開
茲後學。

款文：清人篆書元白雄偉，讓之……。奚南薰。

按：本文出自〈大唐三藏聖教序〉一文。「纍」原「累」、此文內容與民國五
十九年獲得教育部文藝獎的作品相同，但與《奚南薰篆書冊》的些許寫
法不同，所以兩件爲不同之作。

出處：林打敏老師提供。

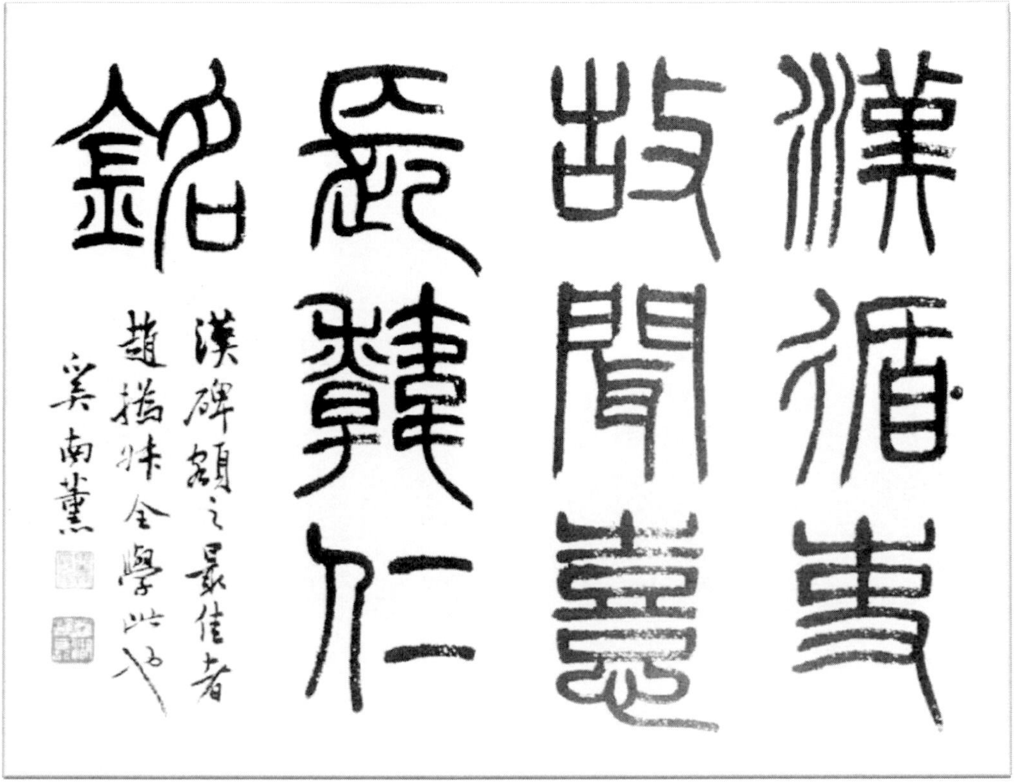

編號：0051

名稱：〈臨韓仁銘碑額〉

年代：無紀年（推 58~60 歲）

款文：漢碑額之最佳者，趙撝叔全學此也。奚南薰。

釋文：漢循吏故聞憙長韓仁銘。

印：墨孫長壽。蓉湖漁長。

出處：《奚南薰先生紀念專輯》P54、55。

編號：0052

名稱：〈竹搖、松掛〉對聯

年代：無紀年（推 58~60 歲）

釋文：竹搖蒼玉佩，松掛碧蘿衣。

款文：墨蓀奚南薰。

印：墨孫長壽。蓉湖漁長。

按：墨孫長壽用印與編號 5803 相同，用二印與 5910、6001 相同對印，故此
作推 58~60 歲作。

出處：林打敏老師提供。

三、奚南薰有紀年其他作品（以農曆紀年）

編號	作品名稱	年代	形式	作品內容	印章	出處
4801	隸書四聯屏	1963/6//2	聯屏		印1 印2	《奚南薰先生紀念專輯》P34、35
5302	撰余紀忠先生母親九十大壽文稿	1968/12/8	文稿			《時代生活》1986年1月，P33、34
5403	嚴副總統訓辭（隸書）	1969 國曆3/17	鏡片	當時為嚴家淦副總統。	印11 印12	《奚南薰先生紀念專輯》P27
5404	〈節臨孔宙碑〉	1969/10	中堂		印3 印4	《奚南薰先生紀念專輯》P44
5503	隸書中堂 136×68cm	1970/3	中堂	黃景仁〈橫江春詞〉	印14 印15	《奚南薰先生紀念專輯》P15
5504	隸書中堂	1970/7/16	中堂	東坡詩〈李鈐轄座上分題戴花〉	印14 印15	《奚南薰先生紀念專輯》P23
5505	總統訓辭	1970 國曆3/17	中堂	當時為蔣介石總統。	印7 印8	《奚南薰先生紀念專輯》P18
5701	處方籤	1972/12/1	稿紙	為林千乘開立處方籤		林打敏老師
5908	行草橫批	1974/1	橫批		印7 印8	《世界畫刊》，第715期
5909	〈節臨魏張黑女墓誌〉	1974			印7 印8	《時代生活》1986年1月，P12、13
5910	王荊公詩（四體書）	1974/7 新秋	條幅	贈世達先生。	印14 印15	《奚南薰先生紀念專輯》P46、47
5911	節臨四體書	1974/7 新秋	條幅	秦瑯琊臺刻石、史晨碑、書譜、張黑女誌。	印3 印24 印25	《奚南薰先生紀念專輯》P74、75
5912	杜甫〈賓至詩〉（隸書）	1974/10	聯屏	前半為「賓至」，後半乃「客至」詩。	印26 印20 印27 印11 印28 印29	《奚南薰先生紀念專輯》P65
5913	行草四聯屏	1974/12	條屏	劉禹錫〈始聞秋風〉		《奚南薰先生紀念專輯》P25
5914	李白詩四首（四體書）	1974		贈靈之先生。		《奚南薰先生紀念專輯》P30、31
5915	與世達先生書信	1974/5/1	信札			《奚南薰先生紀念專輯》P60、61
5916	與世達先生書信	1974/11/1	信札			《奚南薰先生紀念專輯》P70、71
6005	隸書橫批	1975春節	橫批			《世界畫刊》，第718期
6006	與王北岳書信	1975	藥箋			《奚南薰先生紀念專輯》P56
6007	〈節臨虞世南孔子廟碑〉	1975				《奚南薰紀念專輯》P57

編號：4801

名稱：隸書聯屏

年代：1963/6/2（自稱 49 歲）

款文：癸卯農曆六月初二日，四九初度，南蘭陵奚南薰。

印：奚南薰印。千年精衛心填海。

按：此作跋文起始為第四聯第一行第五字，「乙未特試，獲售感賦四絕第四
　　首，歲下拖月字漸字衍。」

來源：《奚南薰先生紀念專輯》P34、35。

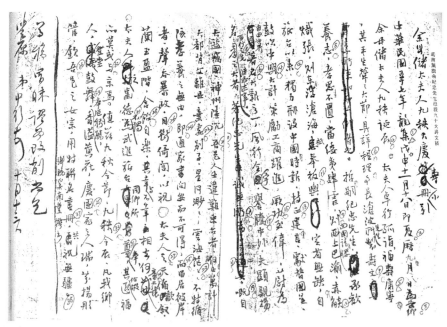

編號：5302

名稱：撰余紀忠先生母親九十大壽文稿

年代：1968/11/8

釋文：余母儲太夫人九秩大慶壽冊小引。中華民國五十七年龍集戊申十一月
十八日，即夏曆九月 日，為吾鄉余母儲太夫人九秩誕辰。太夫人卓行
孤詣，福壽康寧，其平生犖犖大節，具詳程理事長滄波先生所製壽文。
哲嗣紀忠先生，承歡養志，孝思不匱，當倭夷肆虐，則回國請纓，西
上巴渝，赤焰熾張，則東浮滄海，祗奉板輿，定省無缺。自旅台以來，
獨立創設中國時報，持正建言，獻替國是，鼓吹中興大計，策勵工商
躍進，厥功至偉，蔚為自由世界著名大報之一，風行全宇，譽騰中外。
夫顯親揚名，百行之先，繼志述事，孝之大者，嘅自大盜竊國，神州
陸沉，吾邑人士違難來台者，何止萬計，大都背父離母，棄妻別子。
星河渺渺，雲海茫茫，不特循陔孝養之無由，即通家書問安而不可得，
而留居彼岸者，聲吞暴政，罔斷倚閭，以視太夫人與天倫歡敘，蘭玉
盈階，含飴自樂，其幸與不幸，相去何啻天壤。太夫人之齒德不獨為
武進旅台同鄉所尊奉，其佑啟遐福亦莫或與京焉。值茲九秋令節，九
秩令辰，凡我鄉人，登堂鼓舞，奉卮禱觴，香溢黃花，慶國家之人瑞，
芬揚彤管，欽吾邑之女宗，用特聯名書冊，共祝無疆。

款文：鄉晚奚南薰撰書。

按：此稿林中行先生有改過，於其後寫：「尊稿冒昧謬為改削！尚乞鑒原，弟
中行頓首。十月三十日。」而後黃智陽收藏。

來源：《時代生活》1986 年 1 月 10 日，P33、34。

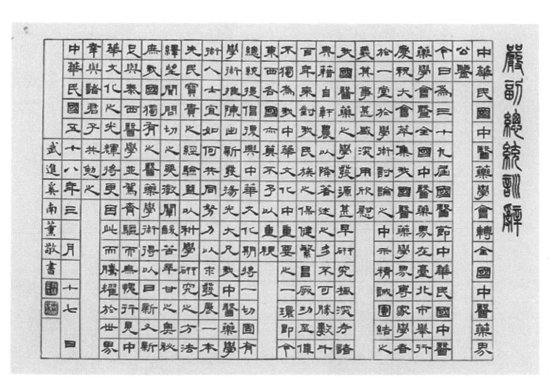

編號：5403

名稱：嚴副總統訓詞

年代：1969/3/17（國曆）

款文：中華民國五十八年三月十七日，武進奚南薰敬書。

印：毘陵奚氏。南薰長壽。

來源：《奚南薰先生紀念專輯》P27。

編號：5404

名稱：〈節臨孔宙碑〉

年代：1969/10

款文：已酉陽月，南薰臨孔宙碑。

印：奚南薰。墨孫知非。

來源：《奚南薰先生紀念專輯》P44

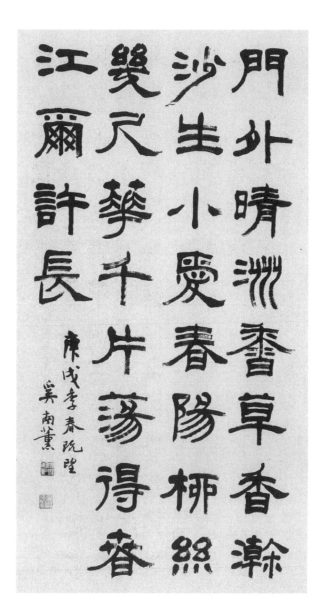

編號：5503

名稱：隸書中堂

年代：1970/3

尺寸：136×68cm

款文：庚戌季春既望，奚南薰。

印：毘陵奚氏南薰。墨孫書翰印記。

按：此作爲杜忠誥藏。此詩來自黃景仁〈橫江春詞〉。

來源：《奚南薰先生紀念專輯》P15。

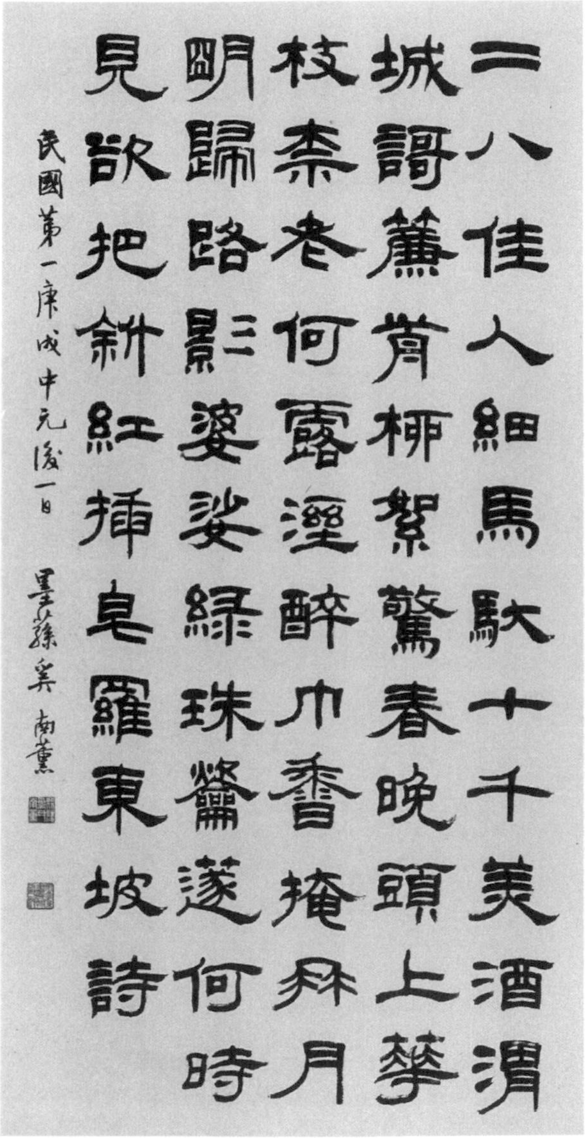

編號：5504

名稱：隸書中堂

年代：1970/7/16

款文：民國第一庚戌中元後一日，墨蓀奚南薰。

印：毘陵奚氏南薰。墨蓀書翰印記。

按：此文來自東坡詩〈李鈐轄座上分題戴花〉。

來源：《奚南薰先生紀念專輯》P23。

總統訓辭

中醫藥學會並轉全國中醫藥界人士均鑒我國自神農氏植五穀嘗百草發明醫藥以來歷世相承迭有進展在醫藥學術方面謁畢生精力潛修苦學實地驗證著書立說闡微抉隱者代有其人因此我固有醫藥實已蔚為傳統文化之光輝民族健康之維護乃晚近眇見深切精湛之研究發展致先賢遺緒闇然未彰值茲中華文化復興之時欣逢第四十屆國醫節我全國中醫藥界人士集會慶祝深具意義所望諸君共矢精誠益加奮勉以求新求本之精神運用科學方法融會時代新知整理我國在醫學上源遠流長偉大淵博之遺產研究其精微貫通其義蘊推陳而出新窮理以致用確實紫揮民族保健之功能恢弘濟世活人之效果對於中華文化復興運動作重大之貢獻

中華民國五十九年國醫節頒訓

奚南薰恭書

編號：5505

名稱：總統訓辭

年代：1970/3/17（國曆）

款文：中華民國五十九年國醫節頒訓。奚南薰恭書。

印：奚南薰印。墨蓀。

來源：《奚南薰先生紀念專輯》P18。

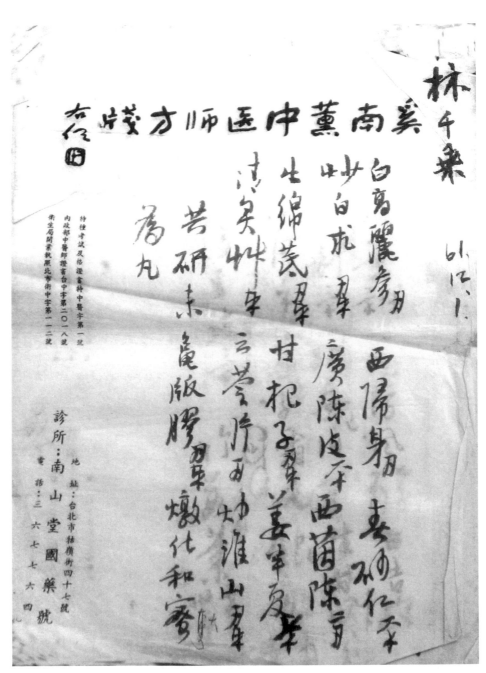

編號：5701

名稱：處方牋

年代：1972/12/1

來源：林打敏老師提供。

編號：5908

名稱：行草橫批

年代：1974/1

釋文：月團新碾瀹花瓷，飲罷呼兒課楚詞。風定小軒無落葉，青蟲相對吐秋絲。

款文：宋秦少游詩。甲寅元夕後一日，墨蓀於漢城。

來源：《世界畫刊》1975 年 2 月 15 日，第 715 期

君諱玄字黑女南陽白水
人也出自皇帝之苗裔昔
在中葉作牧周殷爰及漢
魏司徒司空不因舉燭便
自高明無假置水故以清
潔遠祖和吏部尚書幷州
刺史祖具中堅將軍新平
太守父盜寢將軍蒲坂令
所謂華盖相暉榮光照世
君稟陰陽之純精含五行
之秀氣 甲寅大病後第一次試筆以似
靈之先生雅屬 奚南薰

編號：5909

名稱：〈節臨魏張黑女墓誌〉

年代：1974

款文：甲寅大病後第一次試筆，以似靈之先生雅屬。奚南薰。

印：毘陵奚氏，六十更名南薰。

來源：《時代生活》1986 年 1 月 10 日，P12、13。

編號：5910

名稱： 王荊公詩

年代：1974/7（新秋）

款文：1.南薰。

　　2.墨蓀。

　　3.蓉湖漁長。

　　4.甲寅新秋用四體寫王荊公詩，以似 世達仁兄雅正，墨蓀奚南薰作於

　　屏東。

釋文：1.千古紛爭等一毛，可憐身世兩徒勞。無人語與劉玄德，問舍求田計最高。

　　2.茅簷常掃淨無苔，花木成蹊手自栽。一水護田將綠繞，兩山排闥送青來。

印：1.奚南薰印。墨蓀。2.奚南薰印。墨蓀。3.奚南薰印。墨蓀。4.奚南薰印。墨蓀。

來源：《奚南薰先生紀念專輯》P46、47。

編號：5911

名稱：臨四體書

年代：1974/7（新秋）

款文：1.秦瑯琊臺刻石。奚南薰。

2.史晨碑。南薰。

3.書譜。奚南薰甲寅新秋作。

4.張黑女誌。南薰。

釋文：1.金石刻盡始皇帝所爲也。今襲號而不稱，其於久遠，後嗣爲之，成功
盛德。

2.觀夫懸針垂露之異；奔雷墜石之奇；鴻飛獸駭之姿；鸞舞蛇驚之態；
絕岸頹峯之勢。

印：1.奚南薰印。墨蓀。2.奚南薰印。墨蓀。3.奚南薰印。墨蓀。4.奚南薰印。墨蓀。

來源：《奚南薰先生紀念專輯》P74、75。

編號：5912

名稱：隸書四聯屏

年代：1974/10

款文：甲寅孟冬書杜老賓至詩，病甚腕力如綿，墨蓀奚南薰。
書畢蓋印後，重讀始發覺前半為賓至，後半乃客至詩，
老病昏憒，竟有此誤。而腕力硯墨皆盡遂不復重書，
留此自娛耳。

印：毘陵奚氏南薰。墨孫書翰印記。

按：本文出自杜甫〈賓至詩〉。

來源：《奚南薰先生紀念專輯》P65。

（款文放大）

編號：5913

名稱：行草四聯屏

年代：1974/12

款文：甲寅殘臘試日製山馬筆。奚南薰

釋文：昔看黃菊與君別，今聽玄蟬我卻回。五夜颶颼枕前覺，一年形狀鏡中來。馬思邊草拳毛動，雕盼青雲倦眼開。天地肅清堪四望，為君扶病上高臺。劉夢得詩。

印：奚南薰。　墨蒜無恙。落梅風裏別江南。

按：本文來自劉禹錫〈始聞秋風〉。

來源：《奚南薰先生紀念專輯》P25。

編號：5914

名稱：杜甫懷李白詩四首

年代：1974

款文：甲寅清和書少陵懷李白詩四首，以四體為之，以應 靈之先生雅屬。奚
南勛大病初癒，腕力如綿。

釋文：1.白也詩無敵，飄然思不群。清新庾開府，俊逸鮑參軍。渭北春天樹，
江東日暮雲。何時一尊酒，重與細論文。

4.秋來相顧尚飄蓬，未就丹砂愧葛洪。痛飲狂歌空度日，飛揚跋扈為誰雄。

印：留命帶桑田。蓉湖漁長。自得以為娛。毘陵奚氏。六十更名南勛。茗華館。

來源：《奚南薰先生紀念專輯》P30、31。

編號：5915

名稱：與世達先生書信

年代：1974/5/1

款文：弟奚南勛頓首。

釋文：世達吾兄偉鑒：賤恙承垂注惠函慰問，當時手術後氣血大虛，握管手顫，不能作复。弟不德，不善攝生，此次犯必死之病，求逃生之法，據西醫統計，此症及早開刀，保全率高達百分之七十以上，此恐誇張宣傳，有人以為治愈者僅及百分之十，而中醫以內服藥治愈者，亦能達百分之五，弟用雙管齊下法，先割去病根，恐其尚有流落殘寇，現正用中藥治療。總之，盡法以治之，人也；其愈不愈，天也。生平不賭錢，此次孤注一擲，大賭一次，能否贏回老命，還在未定之天。自念行年六十，生原如寄，如此塵世，

留則暫且優遊，去則一了百了。莊子曰：適來，順也；適去，時也，安時而處順，哀樂不能入也。謹復順頌。教祺 弟奚南勛頓首，五、一。

六十改名，五言一首，病榻上作，純用平韻，以祝來日皆坦途，無復仄徑也，甲寅清明日，玄翁未是草。

余生乙卯夏，故名曰南薰。先祖署墨莊，是用號墨孫。人身十二官，肺屬五行金。於臟稱爲嬌，偏忌火相侵。余之名與號，炎炎字在中。嬌者炙而腐，金且鑠而融。甲寅春病肺，惡症癌爲名。根株入左葉，失治命將傾。蝮蛇如螫手，斷腕始無憂。刳胸奏一割，片葉去如秋。性命幸暫保，支離形已殘。名號去火字，畏其灼肺肝。更名曰南勛，字異音則同。玄者墨之用，乃號曰玄翁。

印：六十更名南勛。六十更名南勛。

來源：《奚南薰先生紀念專輯》P60、61。

編號：5916

名稱：與世達先生書信

年代：1974/11/1

款文：弟南薰頓首。

釋文：世達吾兄文席：錢青來言，大札詢及賤恙近況，因弟之疎懶，久未修
書，致勞廑注，感歉交併。前在尊府小住十七日，忽動歸思，及抵北
乃知適值中元前夕，向例中元下午祀祖，燭光搖搖，鑪煙裊裊之中，
頗有所感。清王次四疑兩集有悼亡詩多首，其中一首云：「夢蘭香食散
河津，曾看蓮燈出水新。誰道滄桑一年事，施燈人作受燈人。」默念
可能來歲中元「祭祖人作受祭人」也。自中元迄今，又逾二月，恙情
似平平，未有增減，以胃口體重驗之，亦均如常。惟台北天氣，實在
難堪，弟本擬在年初舉行拙作展覽一次，九月間寫出四十餘件，除酬
應之品，隨時送出外，亦可存三十件左右，不意一進十月，風雨相繼，
陽光失踪，天壓簷頭，雲入窗戶，

接連三旬，竟無開霽，滿室蒸濕，衣物筆墨皆霉，弟開刀傷口，長及尺餘，如萬蟻攢嚙，痛癢難忍，濕氣入胸，胸如填石，撐及背脊，既重且悶，因而一月間竟未動筆，一字未成，亦一事不作，飽食終日，度日如年。因思屏東氣候，眞極樂世界矣，未識華廈何時落成，喬遷後老屋可否向公家通融，暫借弟寄居一冬，非以避寒，最可畏是台北在陰曆年前後，有三月雨季，吃不消也。壁虎入冬是否尚能捕到？此物對此病，似有微功，便乞賜復，祈頌 教祺。弟南薰頓首。十一、一。

來源：《奚南薰先生紀念專輯》P70、71。

編號：6005

名稱：隸書橫批

年代：1975/春節

款文：乙卯春節試筆，書隨園詩。墨蓀奚南薰。

按：此作在奚南薰創作展上，有七、八名民眾要此幅作品。

來源：《世界畫刊》1975 年 3 月 8 日，第 718 期。

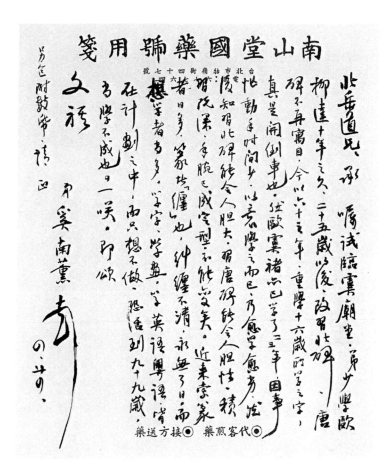

編號：6006

名稱：與王北岳書信

年代：無紀年（內容提及當時為六十之年 1975 四月二十四日）

款文：弟奚南薰頓首。

釋文：北岳道兄，承囑試臨虞廟堂，弟少學歐、柳達十年之久。二十五歲以
　　　後，改習北碑，唐碑不再寓目，今以六十之年，重學十六歲所學之字，
　　　真是開倒車也。然歐、虞、褚亦已學了二、三年，因事忙動手時間少，
　　　以意學之而已，乃愈學愈劣，然後知習北碑能令人膽大，習唐碑能令
　　　人膽怯，積習既深，手腕已成定型，不能變矣。近來索篆者日多，篆
　　　者「纏」也，糾纏不清，永無了日。而想學者尚多，學字、學畫、學
　　　英語粵語，皆在計劃之中，而只想不做，恐活到九十九歲，尚學不成
　　　也。一咲，即頌文祺。另包附數幅，請正。

來源：《奚南薰先生紀念專輯》P56。

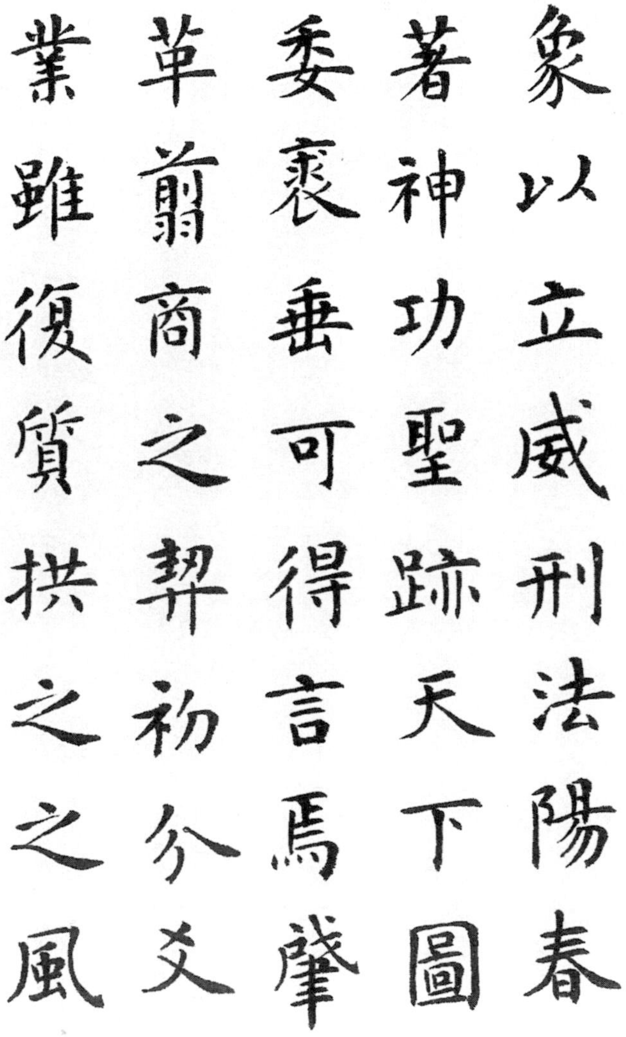

象以立威刑法陽春
著神功聖跡天下圖
委褒垂可得言焉肇
革嗣商之契初分文
業雖復質拱之之風

編號：6007
名稱：〈節臨虞世南孔子廟碑〉
年代：1975
按：依前頁信中所述可知，此件爲王北岳之請，奚南薰六十歲所臨的。
來源：《奚南薰紀念專輯》P57。

四、奚南薰無紀年其他作品（以農曆紀年）

編號	作品名稱	年代	形式	作品內容	印章	出處
0053	與王北岳書信	無紀年	信札			《奚南薰先生紀念專輯》P66、67
0054	臨四體書	無紀年	聯屏	孔子廟堂碑、孫過庭書譜、漢乙瑛碑、秦瑯琊臺刻石。	印3	林打敏老師
0055	行書中堂	無紀年	中堂		印14 印15	黃智陽先生收藏
0056	行書中堂	無紀年	中堂	唐五代李益〈洛橋〉詩。	印8 印9	《奚南薰先生紀念專輯》P48
0057	《陽羨，蘭陵》	無紀年	對聯		印14	《奚南薰先生紀念專輯》P29
0058	《陽羨，蘭陵》	無紀年	對聯		印3	林打敏老師
0059	臨漢《禮器碑》	無紀年	條幅		印8 印9	《奚南薰先生紀念專輯》P33
0060	臨北魏《崔敬邕誌》	無紀年	條幅		印8 印9	《奚南薰先生紀念專輯》P33
0061	行書中堂	無紀年	中堂	本文出自《隨園詩話》卷七。	印9	《奚南薰先生紀念專輯》P16
0062	節臨漢《史晨碑》	無紀年	中堂		印3	林打敏老師
0063	《古鑑，奇書》	無紀年	對聯		印3	《奚南薰先生紀念專輯》P62

編號：0053

名稱：與王北岳書信

年代：無紀年

款文：弟奚南薰頓首。

釋文：北岳兄：清人治金文之書，吾輩皆宜讀，爲求識古文奇字，通六書之
原，明遞嬗之迹，其爲用止於如是而已。然此學至清末而發揮殆盡，
後人更無進一步之發明（雖有亦不多），乃以西方地質考古之方法，憑
此以推斷古代人文政教之情況，則鑽入牛角尖矣。孔子毋意、毋必、
毋固、毋我；韓非子曰：「不可必而據之者，誣也。」顧頡剛考證夏禹
爲爬蟲（近亦有翻印其書）郭××否定三皇五帝舜禹之存在及周以前
一切政教設施，皆「意、必、固、我」之妄見，而正韓子所譏之誣言
也。凡一民族之起原，都有神話，十口相傳爲古，不能必其有，亦不
能必其無，三皇荒渺無徵，人人知之，五帝則古代酋長之治，當必有
其人，惟其年世氏名次序，皆無從確定，十口相傳而已，故太史

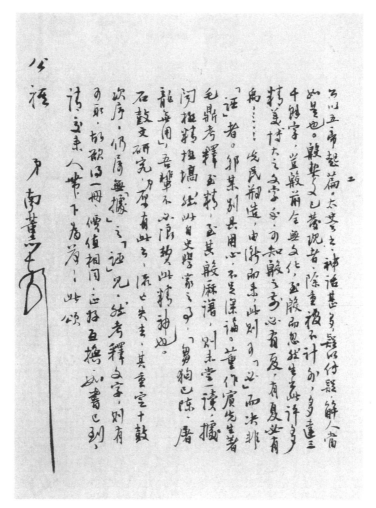

公以五帝起篇。太史之書，神話甚多，疑似傳疑，解人當如是也。殷契文已發現者，除重複不計外，多達三千餘字，豈殷前全無文化，至殷而忽然生出此許多精美博大之文字乎，可知殷之前必有夏，有夏必有禹…，先民剏造，由漸而來，此則可「必」而絕非「誣」者。郭某別具用心，不足深論。董作賓先生著毛鼎考釋至精，至其殷曆譜，則未嘗一讀，據聞極精極塙，然此自史學家之事，「芻狗已陳，屠龍無用。」吾輩不必浪費此精神也。石鼓文研究，弟原有此書，流亡失去，其重定石鼓次序，仍屬無「據」之「誣」見，然考釋文字，則有可取，故欲得一冊，價值相同，正好互換，如書已到，請交來人帶下為荷，此頌公祺，弟南薰頓首。

來源：《奚南薰先生紀念專輯》P66、67。

編號：0054

名稱：臨四體書

年代：無紀年

款文：1.虞書夫天子廟堂碑。奚南薰。

　　　2.孫過庭書譜。奚南薰。

　　　3.漢乙瑛碑。墨蓀奚南薰。

　　　4.秦瑯玡臺刻石。奚南薰。

釋文：1.微臣屬書東觀，預聞前史。若乃知幾其神，惟睿作聖，元妙之境，希
　　　夷不測。然則三五迭興

　　　2.觀夫懸針垂露之異；奔雷墜石之奇；鴻飛獸駭之姿；鸞舞蛇驚之態；
　　　絕岸頹風之勢。

來源：林打敏老師提供。

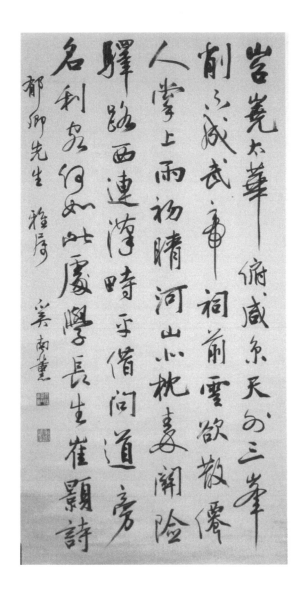

編號：0055

名稱：行書中堂

年代：無紀年

款文：郁卿先生雅屬。奚南薰。

釋文：岩嶢太華俯咸京，天外三峰削不成。武帝祠前雲欲散，仙人掌上雨初
　　　晴。河山北枕秦關險，驛路西連漢時平。借問道旁名利客，何如此處
　　　學長生。崔顥詩。

按：本文出自崔顥〈行經華陰〉

來源：黃智陽先生提供。

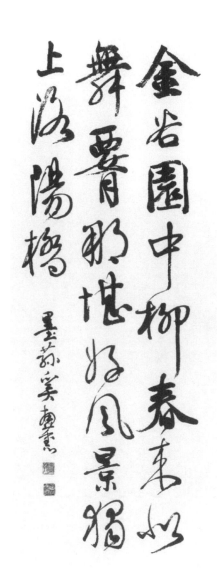

編號：0056

名稱：行書中堂

年代：無紀年

款文：墨蓀奚南薰。

釋文：金谷園中柳，春來似舞腰。那堪好風景，獨上洛陽橋。

印：墨蓀。奚南薰。

來源：《奚南薰先生紀念專輯》P48。

陽羨春茶瑤草碧

蘭陵美酒鬱金香

一嘯仁兄正之

墨蓀奚南薰

編號：0057
名稱：〈陽羨，蘭陵〉對聯
年代：無紀年
款文：一嘯仁兄正之。墨蓀奚南薰。
印：昆陵奚氏南薰。墨孫書翰印記。
來源：《奚南薰先生紀念專輯》P29。

編號：0058

名稱：〈陽羨，蘭陵〉對聯

年代：無紀年

款文：墨蓀奚南薰。

印：奚南薰。

來源：林打敏老師提供。

禮器升堂天雨降澍百姓訢和
舉國蒙慶神靈祐誠竭敬心報
天與羣福永享年壽上極
漢禮器碑 奚南薰

編號：0059
名稱：臨漢〈禮器碑〉
年代：無紀年
款文：漢禮器碑。奚南薰。
印：奚南薰印。墨蓀。
來源：《奚南薰先生紀念專輯》P33。

特稟清貞少播令譽然諾之信著於童孺
瑤音玉震聞於弱冠年廿八而儁華茂實
以響流於京夏爰被盲起家爲司徒府
主薄納賁槐衡能和鼎味

北魏崔敬邕誌
墨孫奚南薰

編號：0060

名稱：臨北魏〈崔敬邕誌〉

年代：無紀年

款文：北魏崔敬邕誌。墨孫奚南薰。

印：奚南薰印。墨蓀。

來源：《奚南薰先生紀念專輯》P33。

增城瓊苑蕊珠宮 香案西偏紫閣東
裏以曾閒廣樂歸 來俱覺伯推風蓬瀛
息興青鳥煙水生涯 有雲門近日遍諳禪
悅味繁華 清淨兩俱空 墨孫

編號：0061
名稱：行書中堂
年代：無紀年
款文：墨孫。
印：奚南薰。
來源：《奚南薰先生紀念專輯》P16。

編號：0062

名稱：節臨漢〈史晨碑〉

年代：無紀年

款文：奚南薰臨。

印：奚南薰。

來源：林打敏老師提供。

古劍不磨留養氣

奇書多讀勝加餐

編號：0063

名稱：〈古鑑，奇書〉對聯

年代：無紀年

款文：世達仁兄雅正。墨蓀弟奚南薰。

印：奚南薰。墨孫知非。

來源：《奚南薰先生紀念專輯》P62。

參考書目

一、書籍資料

1. 上海書畫出版社:《近代書畫市場辭典》(上海市,上海書畫出版社出版, 2005 年 4 月)

2. 中國書道學會:《中華書道學會 書帖選集 (二)》(臺北市:中華書道學會, 1994 年 1 月 31 日)

3. 包世臣:《藝舟雙楫疏證》(臺北,華正書局有限公司出版,1985 年 2 月 初版)

4. 何慧芬、王麗惠:《歷屆全國美展概覽》(臺北市:國立臺灣藝術教育館, 1987 年 6 月 30 日)

5. 吳大澂:《清吳大澂篆書論語》(臺北:漢華文化事業股份有限公司,1973 年 2 月)

6. 吳福助:《秦始皇刻石考》(臺北市:文史哲出版,1994 年 7 月)

7. 李檣:《秦漢刻石選譯》(北京:文物出版社出版,2009 年 4 月)

8. 杜忠誥、盧廷清:《台灣藝術經典大系》(臺北:藝術家出版社,2006 年 4 月)

9. 沙孟海:《印學史》(杭州:西泠印社,1999 年 11 月)

10. 宗孝枕:《述篆》(臺北市:宗玥,1975 年再版)

12. 岩出貞夫編:《趙之謙——覆刻悲盦賸墨》(東京東京堂出版,1982 年 1 月)

13. 林進忠:《認識書法藝術——篆書》(臺北:國立臺灣藝術教育館,1997 年)

14. 金丹:《包世臣書學批評》(北京:榮寶齋出版社,2007 年 12 月出版)

15. 胡泊：《清代碑學的興起與發展——一個「范氏」轉換的研究》（海南省：南方出版社，2009 年 6 月）

16. 奚南薰：《奚南薰先生紀念專輯》（臺北：奚南薰先生紀念專輯編輯委員會，1987 年 3 月）

17. 奚南薰：《奚南薰篆書集》（臺中市：元成出版社，1999 年 9 月）

18. 浦士英：《吳稚暉先生書法集》（臺北市，1971 年 6 月）

19. 馬季戈：《書藝珍品賞析——李陽冰》（臺北：石頭出版股份有限公司，2005 年 3 月）

20. 馬宗霍：《書林藻鑑 下卷第十二》（臺北：臺灣商務印書館發行，1965 年 12 月）

21. 康有爲：《廣義舟雙楫疏證》（臺北，華正書局有限公司出版，1980 年 5 月初版）

22. 康有爲：《廣義舟雙楫疏證》（北京圖書館出版社，2004 年 10 月出版）

23. 張光賓：《中華書法史》（臺北市：臺北商務，1981 年）

24. 梁披雲：《中國書法大辭典》（香港：書譜出版社出版，1984 年 10 月）

25. 許正宗：《臺灣省展書法風格四十年流變 1976～2006》（臺北市：文津出版社有限公司，2009 年 10 月）

26. 陳宏勉：《臺灣藝術經典大系 璽印寄情》（臺北市：藝術家出版社，2006 年 4 月）

27. 陳其銓：〈歷屆省展書法風格導向與省思〉，《第四十四屆彙刊》（臺中：臺灣省立美術館，1990 年〉

28. 陳其銓：〈臺灣五十年的書法與省展〉，《全國美展五十年回顧》（臺中：臺灣省政府教育廳，1995 年〉

29. 陳欽忠：《臺灣藝術經典大系 風規器識‧當代典範》（臺北市：藝術家出版社，2006 年 4 月）

30. 陶明君：《中國書論辭典》（湖南，湖南美術出版社出版，2001 年 10 月）

31. 麥鳳秋：《四十年來台灣地區美術發展研究 之五-書法研究研究報告展覽專輯彙編》，（臺中：臺灣省立美術館，1996 年〉

32. 黃光男：《吳平堪白書畫篆刻》（臺北市：臺北市立美術館，1992 年 6 月）

33. 黃光男：《書印雙絕——曾紹杰書法篆刻研究展專輯》（臺北：國立歷史博物館，2000 年 3 月 3 日）

34. 黃景南：《自立藝苑書畫選集》（臺北：自立晚報報社，1977 年 10 月）

35. 黃寶萍：《臺灣藝術經典大系 篆印堂奧》（臺北市：藝術家出版社，2006 年 3 月）

36. 業程義：《漢魏石刻文學考釋》（臺北：新文豐出版股份有限公司，1997

年 4 月）

37. 劉雅農：《楊沂孫臨景君碑》（臺北：世界書局，1958 年 4 月）

38. 潭興萍：《中國書法用筆與篆隸研究》（臺北：文史學出版社，1999 年 8 月）

39. 蔣孟如：〈一九五〇年代台灣篆書書法初探〉，《2010 年學術研討會論文集》（臺北：中華書道學會，2010 年 12 月出版）

40. 穆孝天、許佳瓊編：《鄧石如研究資料》（上海：人民美術出版社，1988 年 1 月）

41. 叢文俊：《中國書法史 先秦、秦代卷》（江蘇教育出版社，2002 年 11 月）

42. 蘇友泉：〈吳昌碩生平及書法篆刻藝術之研究〉（臺北：蕙風堂筆墨有限公司出版，1994 年 4 月）

二、期刊

1. 王星光：〈袁安碑〉，《檔案管理》（河南：河南省檔案局，2005 年 5 月）第一五六期。

2. 世界畫刊：〈沉默的藝術家〉，《世界畫刊》（臺北：世界畫刊，1970 年 2 月 15 日）第七一五期。

3. 任伯森：〈試論《韓仁銘》碑刻的書法藝術〉，《青少年書法》（河南：河南省美術出版社，2005 年）第六期。

4. 牟明明：〈鄧石如、趙之謙篆書藝術上的共性與個性〉，《書法鑑賞》（黑龍江省：黑龍江省書法活動中心，2010 年）第十期。

5. 位素娟：〈陝師大館藏吳大澂《篆書七言聯考》〉，《美術導向》（北京：中國美術出版總社，2011 年）第二期。

6. 李軍、朱恪勤：〈金石學家吳大澂的西北之行〉，《收藏》（陝西省文史館，2012 年）第十七期。

7. 李郁周：〈五十年來臺灣書壇鳥瞰〉，《臺灣書家書事論集》（臺北：蕙風堂，2002 年）

8. 林進忠：〈臺灣地區前輩美術家作品特展（二）書法展——觀後〉，《臺灣美術》（臺中市：臺灣省立美術館，1994）第七卷第一期。

9. 徐文平、鄔建利：〈李陽冰《縉雲縣城隍廟記碑》及其書法藝術〉，《麗水學院學報》（浙江：麗水學院學報出版，2004 年）第四期。

10. 張文翰：〈石鼓稱謂、刻制年代及其書法美學簡論〉，《傳播與版權》（廣西：廣西期刊協會出版，2013 年）第四期。

11. 張自英：〈歌奏南薰〉，《世界畫刊》（臺北：世界畫刊社，1975 年 2 月 15 日）

12. 張自英：〈世界藝苑〉，《世界畫刊》（臺北：世界畫刊社，1965 年 3 月 8 日）第七一五期。

13. 張行周：〈中華民國中醫藥學會會友四種展覽特輯〉，《讀友畫刊》（臺北：讀友畫刊，1965 年 3 月 29 日）第二十三期。

14. 麥鳳秋：〈臺灣地區三百年來書法風格之遞嬗（八）〉，《臺灣美術》（臺中：國立臺灣美術館，1993 年 7 月）第六卷第一期。

15. 麥鳳秋：〈臺灣地區三百年來書法風格之遞嬗（九）〉，《臺灣美術》（臺中：國立臺灣美術館，1993 年 10 月）第六卷第二期。

16. 楊雪：〈圓潤流美，舒展飄逸──吳讓之及其書法篆刻藝術〉，《文學界》（湖南：湖南省作家協會，2012 年）第十二期。

17. 楊薇：〈吳讓之小篆與篆刻藝術淺析〉，《內江師範學院學報》（四川省：內江師範學院出版，2013 年）第二十八卷第五期。

18. 臺灣省醫師公會：〈臺醫詩壇〉，《臺灣醫界》（臺北：臺灣省醫師公會，1958 年 2 月 15 日）創刊號。

19. 劉洪洋：〈從《毛公鼎》看金文的臨摹與創作〉，《青少年書法》（河南：河南省美術出版社，2007 年）第二十二期。

20. 憫生：〈考據精嚴　筆札渾古──古文字學家書法家吳大澂述略〉，《青少年書法》（河南省美術出版社，2005 年）第五期。

21. 樸生：〈融匯古今成一統　端嚴中正意醇和──楊沂孫篆書四條屏賞讀〉《東方藝術》（河南省藝術研究院，2011 年）第二十四期。

22. 鍾克豪：〈篆法大家吳南薰〉，《藝文誌》（臺北，藝文誌社，1975 年 3 月）第一一四期。

23. 鍾克豪：〈紀念吳南薰逝世十周年〉，《時代生活》（臺北：時代生活社，1986 年 1 月 10 日）第二十一期。

24. 羅勇來：〈吳大澂的金石學研究與篆書〉，《書畫藝術》（江蘇無錫文化藝術學校，2007 年）第五期。

25. 羅勇來：〈楊沂孫與清代篆書〉，《書畫藝術》（江蘇無錫文化藝術學校，2005 年）第三期。

三、論文

1. 王延旭：《淺談鄧石如的篆書風格在書法創作中的影響及應用》（瀋陽師範大學美術研究所碩士論文，2012 年 3 月 15 日）

2. 洪松木：《趙之謙的書學思想研究》（國立臺灣藝術大學美術學院造形藝術研究所中國書畫組碩士論文，2007 年）

3. 黃智陽：〈中華文化復興運動中的書法政策與影響〉，《漢字藝術節──兩岸

當代書法學術研討會論文集》（新北市：國立臺灣藝術大學，2011 年 9 月）

4. 張明明：《鄧石如書法藝術及其影響之研究》（佛光大學藝術研究所碩士論文，2007 年）

5. 莊曉音：《吳平篆刻風格之研究》（國立臺灣藝術大學美術學院造形藝術研究所中國書畫組碩士論文，2006 年 6 月）

6. 陳慶煌：〈楚望樓書法所展現的君子之風〉，《臺灣書法國際學術研討會》（臺北：淡江大學出版，2003 年 3 月 14 日）

7. 麥鳳秋：《四十年來台灣地區美術發展研究——書法研究 1949～1989》

8. 楊帆：《論漢碑額篆書對清代中後期篆刻的影響》（南京藝術學院美術研究所碩士論文，2013 年 4 月 26 日）

9. 劉嘉成：《吳讓之書法篆刻研究》（國立臺灣藝術大學美術學院造形藝術研究所中國書畫組碩士論文，2006 年 6 月）

四、圖片資料

1. 二玄社：《書跡名品叢刊》第二集·第四十六回配本——漢嵩山三闕銘（東京：株式會社二玄社，1924 年 12 月 15 日）

2. 二玄社：《書跡名品叢刊》一二九回配本——吳谷朗碑／禪國山碑（東京：株式會社二玄社，1969 年 2 月 28 日）

3. 二玄社：《書跡名品叢刊》第二集·第五十一回配本——漢袁安碑/袁敞碑（東京：株式會社二玄社，1965 年 2 月 25 日）

4. 二玄社：《書跡名品叢刊》一二九回配本——吳谷朗碑／禪國山碑（東京：株式會社二玄社，1969 年 2 月 28 日）

5. 二玄社：《書跡名品叢刊》第一集·第十二回配本——三國天發神讖碑（東京：株式會社二玄社，1966 年 4 月 20 日）

6. 二玄社：《書跡名品叢刊》第一八〇回配本——清吳讓之庾信詩（東京：株式會社二玄社，1972 年 11 月 27 日）

7. 上海書畫出版社：《中國碑帖經典——韓仁銘》（上海：上海書畫出版社，2001 年 6 月 1 日）

8. 上海博物館編寫：《商周青銅器銘文選 二》（北京：文物出版社出版，1987 年 9 月）

9. 王北岳石璽齋門生：《王北岳石璽齋門生書法篆刻集》（臺北市：玄修印社，2008 年 3 月）

10. 收藏：燕山霍氏：《宋拓城隍廟碑》（臺北市：漢華事業股份有限公司，1973 年 4 月）

11. 何浩天：《陶壽伯書畫集》（臺北市：中華民國國立歷史博物館，1985 年 8 月）

12. 何海林編：《吳讓之篆書崔子玉座右銘》（上海辭書出版社，2010 年 6 月 1 日）

13. 李賢文：《1990 臺灣美術年鑑》（臺北：雄獅圖書股份有限公司，1989 年 12 月）

14. 武漢市古籍書店：《唐李陽冰書謙卦刻石集聯拓本》（武漢市古籍書店出版，1990 年 5 月）

15. 姚建杭主編：《中國書法典集 7——漢袁安碑／袁敞碑》（北京：中國書店，2009 年 6 月）

16. 段書安編：《中國古代書畫圖目》（北京：文物出版社，2001 年 12 月）

17. 奚南薰：《奚南薰先生紀念專輯》（臺北：奚南薰先生紀念專輯編輯委員會，1987 年 3 月）

18. 奚南薰：《奚南薰篆書集》（臺中市：元成出版社，1999 年 9 月）

19. 書藝出版社、師大美術社：《奚南薰篆書冊》（臺北縣：書藝出版社社，1982 年 12 月）

20. 國立故宮博物院編輯委員會：《王壯爲書法篆刻圖錄》（臺北：國立故宮博物院，2001 年 1 月）

21. 國立歷史博物館與中華文化復興運動推行委員會：《中華民國第一屆全國書畫展覽作品集》（臺北：國立歷史博物館與中華文化復興運動推行委員會，1970 年 8 月）

22. 臺中省立台中圖書館輯：《中國當代名家書畫選》（臺中市：臺中省立圖書館，1972 年 4 月）

23. 張紘炬、張瑞濱：《翰墨珠林——臺灣書法傳承展作品集》（臺北縣：淡江大學 文錙藝術中心，2004 年 4 月）

24. 連勝彥：《中國書法學會創立四十周年紀念專輯》（臺北市：中國書法學會，2002 年 12 月 15 日）

25. 陳其銓：《陳其銓八十書法展》（臺中市立文化中心，1996 年 11 月）

26. 陳其銓：《陳其銓書法展專輯》（臺中市：臺灣省立美術館，1995）

27. 渡邊隆男：《中國書法選 2 周・秦石鼓文／泰山刻石》（東京：株式會社二玄社，1998 年）

28. 渡邊隆男：《中國書法選 1 甲骨文／金文》（東京：株式會社二玄社，1990 年）

29. 渡邊隆男：《書跡名品叢刊》第一一八回配本——清鄧完白作品集（東京：株式會社二玄社，1964 年 2 月 15 日）

30. 渡邊隆男：《書跡名品叢刊》第回配本——清鄧完白白氏草堂記（東京：株式會社二玄社

31. 渡邊隆男：《書跡名品叢刊》第一五九回配本——清楊沂孫龐公篇／在昔篇（東京：株式會社二玄社，1970 年 12 月 5 日）

32. 渡邊隆男：《書跡名品叢刊》第一〇三回配本——清吳讓之梁吳均與朱元思書（東京：株式會社二玄社，1963 年 4 月 20 日）

33. 渡邊隆男：《書跡名品叢刊》第一三一回配本——清吳昌碩臨石鼓文（東京：株式會社二玄社，1969 年 3 月 21 日）

34. 渡邊隆男：《書跡名品叢刊》合訂版（東京：株式會社二玄社，2001 年 1 月 31 日）

35. 渡邊隆男：《篆隸名品選 6 楊沂孫、楊峴，吳大澂》（東京：株式會社二玄社，2000 年 2 月 4 日）

36. 渡邊隆男：《書跡名品叢刊》第一集——秦 泰山石刻・瑯琊台石刻（東京：株式會社二玄社，1968 年 7 月 31 日再版）

37. 馮國光：《中華民國第四屆全國美術展覽會專輯》（臺北市：國立臺灣藝術館）

38. 馮國光：《中華民國第五屆全國美術展覽會專輯》（臺北市：國立臺灣藝術館）

39. 馮國光：《中華民國第六屆全國美術展覽會專輯》（臺北市：國立臺灣藝術館，1971 年 3 月 25 日）

40. 馮國光：《中華民國第七屆全國美術展覽會專輯》（臺北市：國立臺灣藝術館，1974 年 5 月 4 日）

41. 齊淵：《鄧石如書法編年圖目》（北京：文物出版社，2010 年）

42. 謝啓剛：《近代明賢墨跡初輯》（臺北市，1971 年 1 月）

43. 嚴家淦：《中華民國當代名家書畫集》（臺北：中華文化復興推動委員會，1980 年 10 月）《春暖集粹——臺灣富德 2014 年春季拍賣會作品圖錄》（臺北：國泰金融會議廳，2014 年 4 月 27 日）

五、期刊圖錄

1. 《中國書畫》，（中國書畫雜誌社，1973 年 10 月）第十一期。

2. 《中國書畫》，（中國書畫雜誌社，1973 年 2 月）第三十六期。

3. 《書畫月刊》，（臺中市：書畫月刊雜誌社，1967 年 4 月 10 日）第一卷第三期。

4. 《書畫月刊》，（臺中市：書畫月刊雜誌社，1968 年 2 月 10 日）第三卷第一期。

5. 《書畫月刊》，（臺中市：書畫月刊雜誌社，1967 年 3 月 10 日）第一卷第二期。

6. 《書法教育》，（臺北：中華民國書法教育學會，2007 年 10 月 31 日）第127 期。

7. 《書法教育》（臺北：中華民國書法教育學會，2008 年 1 月 1 日）第 129 期。

8. 《書法教育》（臺北：中華民國書法教育學會，2008 年 3 月 1 日）第 131 期。

9. 《書法教育》（臺北：中華民國書法教育學會，2009 年 4 月 1 日）第 144 期。

10. 《書法教育》（臺北：中華民國書法教育學會，2013 年 4 月）第 192 期。

六、報紙

1. 中央日報：〈韓人重視書藝值得國內借鏡。吳南薰訪韓歸來談觀感〉，《中央日報》第六版，1974 年 2 月 23 日。

2. 中央日報：〈吳南薰在韓國析論中韓書法〉，《中央日報》第六版，1974年 2 月 13 日。

3. 中國時報：〈吳南薰 赴韓表演書法〉，《中國時報》第六版，1974 年 1 月29 日。

4. 吳南薰：〈丹青不知老將至——簡介陶壽伯山水畫集〉，《中央日報》第六版，1963 年 11 月 18 日。

5. 陳月卿：〈吳南薰與肺癌搏鬥，病中不斷揮毫〉《中央日報》第六版，1975年 2 月 25 日。

6. 陳長華：〈吳南薰改名大吉〉，《聯合報》第九版，1975 年 2 月 16 日。

7. 臺灣新生報：〈致力書法五十年，吳南薰展近作〉，《臺灣新生報》第五版，1975 年 2 月 20 日。

8. 聯合報：〈吳南薰在韓上螢幕介紹中國書法〉，《聯合報》第九版，1974年 2 月 5 日。

七、網路資料

1. 昆山市圖書館：〈李肖白〉江蘇：昆山市圖書館崑山名人網。2014 年 3月 19 日，取自 http://localhost/mingren/Info/View.Asp?Id=120。

2. 郭志弘：〈物資匱乏的年代——文獻遭毀〉（北小文化誌大安區文化略考，2013 年 10 月 9 日）2014 年 3 月 25 日，取自 http://www.ntueees.tp.edu.tw/wordpress/culture/?p=78

3. 典藏臺灣〈吳南薰 黃山谷詩〉。數位典藏與數位學習聯合目錄。2014 年05 月 10 日取自 http://catalog.digitalarchives.tw/item/00/25/ab/46.html。

附錄一：〈駑馬十駕〉與〈我的自南而北〉全文

駑馬十駕

「少時學語苦難圓，只道功夫半未全，到老始知非力取，三分人事七分天。」這是清代趙甌北論詩絕句五首之一，是甘苦中過來人語，是悟後見道之言。近有人主張「七分人事三分天，這只能說是對一般人的鼓勵而已。杜少陵詩聖，冠絕古今，而無韻之文，率不可讀；曾子固古文，直逼韓歐，而不能詩。可見即使天賦極高的人，也還各有短長，不能互相通假的。詩文如此，書畫當然也同理，畫山水南田避石谷；假使作花卉，石谷豈敢和南田一較短長嗎？凡人的個性、智能、先天稟賦不同，各有所偏。在學習過程中，有無名師指導？選擇的途徑，是否適合個性？以及有無恆心毅力？這些後天因素，可以彌補先天的缺陷。我以四十年的學習經驗，對於古碑，方其致力之時，曾經廢寢忘食，心摹手追，真不啻羹牆如見。但有的臨全數十遍而始終不入，自恨天才低劣，懊喪萬分，直卻焚硯擱筆；然又有臨習三五遍即能得其神貌，則又歡欣鼓舞，不可名狀。種種甘苦經歷，約略述之如左：

我六歲入家塾就讀，清明節後，大約在舊曆三月中旬，開始描紅習字，實足年齡只有四歲九個月。舊式學塾，多是高抬高凳，並無為小孩設計的矮桌椅，我個子矮小，坐在凳上，下巴剛好擱上書案。用的是羊毫，筆頭總有一寸多長，由於手掌小、指頭短，握筆只能握在筆根近筆頭處，所以總是弄得滿手是墨，再由手上弄到面上衣服上，遍身墨污。我讀書不算笨，但寫字天才極笨極劣，這決不自謙的話，而是百分之百的事實。描紅三個月後，改

寫影本。老師規定每天午後寫字，因爲我們是小學生，和另一批大學生不同。每天只要七都紙四開一張，八行八字，共六十四字，寫完就午睡。同學們很就寫完了，可以睡覺。只有我寫得特別慢，卻特別壞，眞是塗鴉滿紙，一榻糊塗，簡直不像字。但我心有不甘，於是就只有寫一法，每天寫三張，犧牲了睡午覺的時間。好在我自小不大愛睡，以至於令經常失眠，成了習慣。這時候跟本不懂什麼叫做書法，也不知道寫字有什麼用處，只是看看人家寫的像樣，我寫得不像樣，竭力想追上人家而已，絕無其他動機。如果說我在這方面夙具大志，未免恭維過當了。這倒眞正是不問收穫，但問耕耘，純粹爲寫字而寫字，不附帶任何作用，因此養成了每天弄筆的習慣。對後半輩子的生活方式，有相當的影響。這樣直到十歲，漸漸字成了一點模樣，才開始臨碑，臨的是黃自元臨九成宮醴泉銘。我寫字最吃虧的是腕力太弱，手指太笨，筆尖上一點不會「花腔」。醴泉路結體工整，我臨了六年，自以爲寫的很像了，其時是十六歲，有一次替人家寫了一副輓對，家君看見了，覺得太嫌薄弱，太嫌呆板了，於是取出一本家藏珍本明拓玄秘塔，命我懸腕臨習。在此之前，我是不會懸腕寫正楷字的。初試的時後，心慌手戰，完全寫不像，而且右邊肋骨很痛，我也不顧，奮勇學習，每日規定寫十紙，興來時可以寫得更多，但卻不許少。一年之後，筆力大進，尤其立著寫大字，氣魄遠勝從前，膽子也大得多了。

讀曾文正公家書，極推崇黃山谷。他又主張執筆要高，最好能執在筆管頂端，於是兼寫三希堂黃山谷法帖。用曾國藩的執筆法，高高的握在管頂，學了一個時期，下筆雖較爲靈活，筆力不夠沉著。曾氏這種執筆法，似乎不適合我的手勢，但不知如何方爲合法，一時無法改變，有一位同鄉丁錫如，比我大十一歲，能寫各體書，曾在常州、無錫等地開過展覽會。他的字寫得太板，實在不能算好。但他涉獵很廣，對書法理論懂得頗多。他看到我的字，特地來看我，談了很久。從此常相討論，他給我看康有爲的廣藝舟雙楫，使我眼界開擴了不少，於是對於六朝碑，尤其是魏碑，心裏嚮往之至。可是丁君沒有六朝碑，我家也沒有，只好留此心願，以待異日。說起來也奇怪，既沒有見過魏碑，何以會嚮往？因爲老一輩的先生們，很多是寫魏碑的，耳濡目染，早在心裏生了根。又見康氏書中，推崇魏碑，至於極點，而那時我見到的唐碑，除家藏玄秘塔外，未見佳本，不過我並不欣賞康有爲的字，因而也不相信他所傳的朱九江先生的執筆法。

　　執筆高到管頂，最適於畫蘭竹。鄭板橋說：「文與可畫竹，黃魯直不畫竹，今觀其書法，罔非竹也。」我既學山谷行書，就用山谷的筆法，移而畫竹。無如我習慣用羊毫，不用狼毫。羊毫畫竹，只適於寫竿，對於竹的小枝、節、葉，都不適合，這當然由於功力不到的緣故。於是改畫蘭花荷花菊花等，全用懸腕，可以鍛鍊腕力，雖末畫好，對於寫字倒很有幫助。

　　次年，十六歲，暑假期間，拜識楊霞峯先生。楊先生是吾邑大儒錢名山先生的大弟子，曾在錢先生授經的寄園內任助教，和現在台灣的程滄波先生、鄭曼青先生同門。錢先生楊先生都寫北魏碑，我在楊先生那裏，才見識到北碑面目。見面不如聞名，一見以後，那種古怪笨重的樣子，望而生畏，簡直使人不問津。楊先生命我學龍門，我遲疑了很久，還是不敢動筆。但看得久看得多了，眼光漸漸轉移，不甚覺得可怕了。當時我把龍門二十品和漢張遷碑細細比較，發現用筆很相近，我想學北魏龍門，不如逕學張遷。楊先生執筆很低，去筆頭不到一寸，我也依法改爲低執筆。同時學則了寫漢隸的方法、用筆以及起筆落筆的順序，都和寫眞書不同。這樣眞書學柳公權，行書學黃山谷，隸書學張遷碑，三頭馬車，學了三年，雖也有些進步，但談不上什麼心得。

　　民國初年，上海書家，寫北碑的，要數李瑞清（清道人）、曾熙名氣最大，民國二十三年我二十歲的時後，李、曾均已謝世，我想知道李、曾寫北碑的方法。崑山李肖白先生是曾農髯弟子，他在上海辦了一所「肖白書法函授學校」，那時我在無錫，就報名參加，同時親到上海，當面問業。李先生告訴我寫字最好能懸腕，如果不能，其次是枕腕，注意肘部必須離案。同時當面示範幾種不同的執筆法。其餘的方法，和楊霞峯先生大同小異。順便到有正書局、求古齊、藝苑眞賞社等幾家專賣碑帖的書局，買了很多漢碑、六朝碑、墓誌銘（以北魏居多）、顏平原三表、孫遇庭書譜、包世臣藝舟雙楫、馮式書法正傳等書回來。慢慢讀，仔細研究，預備依照康有爲廣藝舟雙楫「學敍」篇所定次序，按部就班的順序臨習。只是其中一小部份造像及墓誌銘覓不到。

　　二十一歲起，開始寫龍門造像，專寫始平公、楊大眼、魏靈藏，孫秋生四品，謂之四大件，其他十六種不學，這是錢名山先生的方法。因爲照康有爲「學敍」篇所定的各碑，既不全備，我想也不必如與拘泥，不妨以意變通。又如康氏「購碑」篇所說：「臨碑旬月，遍臨各碑，自能釀成一體。」無論天資如何高明的人，也決不可能這樣的快。「盡信書，不如無書」，我不敢求此

速效，預定以十年為期，專學漢魏，希能小有成就。至於用筆方法，漢魏碑的古渾厚重，自應和唐碑異趣。包世臣藝舟雙楫所說的「逆入平出，筆毫平舖紙上」，原來就是楊霞峯先生教我寫漢隸的古法。善不透過此關，則包氏所說的：「唐以前書，皆始艮終乾，南宋以後書，皆始巽終坤的話，就無從理解了。在臨過龍門四大件之後，續臨鄭文公、張猛龍、鶴銘刁遵崔敬邕張黑女等碑誌，旁及顏魯書爭座位、孫遇庭書譜、宋蘇黃米三家行書。

在抗戰時期，紙張缺乏，只能用報紙練字。一張報紙，反覆重疊，寫了很多遍，大部分黑了，索性用墨塗滿空白處，變成一張黑紙，用舊筆蘸水寫在黑紙上，非常清楚，乾了再寫，如果有黑報紙十張，可供大寫特寫了。缺點是用蘸水寫報紙和蘸墨寫宣紙性質迴別。所以這種經濟方法，只能作為輔助。蘇東坡說：「學字費紙」，不費紙是不可能寫成好字的。但這項發明，在初來台灣的時後，我還使用了幾年。

一晃十年，在顛沛流離中，不廢筆墨。年事漸長，社會關係擴大，交友漸廣，凡遇同好，相與討論，識見隨年增進，看遇的碑帖很不少，悟出北碑和漢碑一脈相承的血緣關係。同時由於臨碑日久，筆法漸熟，可以不必用心，筆鋒自然得中。因而悟出所謂方筆圓筆，可以互相為用，不必作意為方為圓。譬如張遷碑衡方碑是方筆，龍門二十品中的大多數，以及張猛龍碑也是方筆，如果破方為圓，張遷衡方可以變成圓筆的西狹頌孔宙碑，龍門和張猛龍可以變成圓筆的石門銘鄭文公。由是我臨習古碑，只注意精神意態，不管圓筆方筆，只用一種筆法，所謂我自用我法，目的是想不為古人所囿，而能自成一個面目。

心裏想到是一件事，手下寫出來又是一件事。康有為說：「吾眼有神，吾腕有鬼」，眼高手低，大概是每一個寫字畫畫的人都有這個通病，我要算是最甚了。交遊中有好幾位朋友，相約一同學習，我自己知道手低，惟有以勤補拙。自信用功比別人加倍乃至二倍，寫出來卻未能趕上人家。仔細自我檢討，受了天分限制。但天分各方面不同，各有長短；字也有各體不同，各有乖合。如果玄乖求合，總能找到一條出路。歐、虞、褚、顏、柳真書，李北海行書，李陽冰篆書，張旭、懷素草書，縱使一代大家，也各有專精，不可能「十項全能」的。在這時後所寫的隸書，魏楷和行書，在地方上已薄負時譽。然而「文章千古事，得失寸心知」，距離自己的目鏢，差得尚遠。

　　三十四年抗戰勝利，我三十一歲。在常州收到很多舊家收藏的碑帖，以漢碑為最多，有篆書嵩山少室、開母兩石闕、禪國山碑，於是開始學小篆。次年又到上海，買了好幾種篆書。實際篆書碑版，本來不多，照包世臣完白山人傳所述鄧完白臨的各碑，收齊極易。我從三十一歲學起，因我向來學習漢魏碑，所熟練的筆法，適於作篆，所以並不覺難，相反的「逆入平出」的用筆方法，用作真書，未必能獲當今一般人賞識，作篆卻正相宜。一般人以為我專學鄧完白或吳讓之，其實我最先學嵩山兩石闕，次袁安、袁敞碑，後學石鼓文、天發神讖等，學天發神讖也用圓筆，不用方筆，就很像完白了。我不喜歡零縑碎玉，喜歡學字數較多的碑可以一氣呵成。漢碑額極有趣，是來台後才學的。鄧完白篆書收羅頗多。只學過三種。李陽水偶一臨之，未曾致力。我向薄吳讓之書，軟弱無力，曾為人臨過幾年，都是我用我法，好像抄書，一筆也不相襲。然而有一段時間，確有些像讓之，這是在學漢碑額的時後，由於同源的關係。

　　古人論學書學畫，都主張求變，所謂「其先須與古人合，其後需與古人離」，「苟無新變，不能代雄」。然而求變實在不易，袁子才隨園詩話有兩句詩：「此事不知何日了，著書翻恨古人多」。所有的路幾乎都被古人走過了。十多年來專學漢篆，不脫鄧完白、吳讓之範疇。四十五歲以後，改學石鼓文、金文，用籀文法作小篆，又像楊沂孫。自嫌筆襲纖巧，稍加後重整齊，又近吳大澂。絕非有意相致，不期然而然的落入其窠臼中。這種不相襲而得相似的結果，亦即前面所說「用源」的緣故。要求獨創風格，別開生面，這也是要避免的。

　　五十三年，一項末藝，還未學成，不由得不信「三分人事七分天」了。荀子說；「騏驥一日而致千里，駑馬十駕，功亦及之」。在篆隸兩項的成就，似乎稍優於楷書、行書，算是「駑馬十駕」的功夫吧？

　　自知由於學得大雜，病在博而寡要，不能反約，從五十以後，從事由博反約的努力。于右老創標準草書，選取歷代名家筆跡，審詳比較，擷取精華，而用自己本色的筆法臨之，形體則包羅古今，眾美畢備，而筆勢純一，自具獨特面目，遂成千秋絕業。清道人博臨古碑，下筆必具其體勢，遂致被譏為百袖衣。藐茲末學，不揣淺薄，思欲追蹤于右老之千文，而不為清道人之百衲。

　　奚南薰所著〈駑馬十駕〉全文，刊登於民國五十九年（1970）《藝壇》第三十期，第 14～21 頁。

我的自北而南

　　畫派有南北宋，書派亦復相同。從魏普開始，早就存在著各具的形體風格。蓋魏普之際，書家有衛覬鍾梁三家，最負盛名。普室南渡，王導帶著鍾繇的宣示表渡江，於是鍾顯於南，而形成南派，衛梁盛於北，而形程北派。南派以神韻勝，北派以骨力勝，各有千秋。王羲之生於東晉，臨池學書，池水盡黑，「仿鍾書勝於自運」，可知王從鍾出，自然屬於南派。到了唐朝，唐太宗以皇帝之尊，極力推崇王羲之，御筆親爲作傳，於是天下從風，定於一尊，書法盡從南派。直到清朝中葉，阮元作南北書派論，世人方才知道書法還有北派·包世臣繼之作藝舟雙楫，盛稱北碑，於是北派復興，一時又蔚成風氣。到了清末，康有爲作廣藝舟雙楫，推崇北碑，至於極點，至此北派的勢力，幾乎奪南派之席了。

　　鄙人自二十歲開始學北碑，凡歷二十年，因爲探求筆法，追本窮源，於來上溯周秦，兼學篆隸，學成了用筆逆入手出，筆毫平舖紙上，全用藏鋒，做行草也用此法。自以爲方圓同法，四體一貫，敝帚自珍，頗以自矜。

　　中年渡海，來到台灣。台灣地居東南，書法界似乎北風不競。多年來看了很多展覽，聽了不少當代名家言論，潛心觀摩。自我檢討，從前的自信，漸漸動搖。這倒不是揣摩時尚，迎合潮流，而是學識和眼光，跟著年齡的增長，見聞的擴展，而後之昔日之非，杜工部詩所謂：「文章千古事，得失寸心知」。我想任何一門學問，要想進步，總要虛心，更要自知，固執成見，或夜郎自大，絕對不行。細心研究的結果，悟出從前所學成的「逆入平出」的用筆方法，作篆隸最爲相宜。唐以後人不知此法，篆隸遂成絕響。直到清代乾嘉時代，方始絕學復彰，這一點鄧完白包世臣對清朝書學上的貢獻是很大的。但是若作行草也用此法，就眞像清道自嘲的「戴磨而舞」，吃力不討好了。古人早已說過：「北書宜於碑版，南書長於簡牘」，即如康有爲竭力尊碑，然而他在廣藝舟雙楫「行草」篇說：「簡札以妍麗爲主，奇情妙理，瓌姿媚態，則帖學爲尚也。」篆隸楷法須學碑，行草則必須學帖，這個主張，應該是不易之論。

　　帖學在有明一代，蔚爲大觀。依個人的看法，明人的行草書，任何一家都勝過清人，這是帖學興盛的結果。不過帖都是棗木本，即使有石本，也多是書條石，易於播遷散失，不像豐碑或摩崖，永難移動，可以歷歲長久，不致損壞。經遇明清兩代四五百年，所有的帖，幾乎全是重鉤屢翻的覆刻本，

輾轉失真，無從窺見古人的盧山真面，雖然自從影印術發明以來，宋拓明拓的名帖，已經容易求得印本，但以碑學派看來，總覺得不是味兒。一個學慣了碑的人，忽然要舍碑從帖，好像一個在北方大漠高原騎慣了馬的人，忽然要他到南方的平湖淺水上操一葉輕舟，這一轉變，絕非旦夕可能達成，不但是技術上的不習慣，心理上也驟難適應。在這階段，曾經躊躇考慮了很久很久，最後想出了一條道路，介乎北碑南帖兩者之間的，惟有唐碑。唐代書家多，各具面目，南北派都有，古人謂「法莫備於唐也」，遂決定改習唐碑。由唐而入帖，取徑較近，而且不失為一條正路。因為學唐決無流弊，從這一條路，可以上窺晉人，下法宋明。於是毅然決然，盡去北碑，改學唐碑，以初唐歐虞褚三家為主，以為習帖的基礎功夫。這是我個人的想法，是否有當，就正於海內方家。

年近五旬，再行改變學習途徑，從前的基礎總在，應該不算什麼難事，難處只是落手的習慣。一般說來，北碑的筆勢雄厚，自是勝過唐碑，但北碑比較奔放，下筆可以自在游行；唐碑注重法度，結體嚴整，比較拘束。數十年奔放的積習，一時要收斂約束起來，自非朝夕之功。在眼和心經過長時期的訓練，譬如畫家寫真，任何面貌，一見就能繪出影像。寫真是愣愣描出來的，寫字要一氣運行，除了眼和心，最重要的還是手，手勢習慣了，一時難改，稍不經心，舊習慣就不期然而然的流露出來，因此悟出寫字的功夫。在於眼、心、手互相配合。初學的人，若於筆不應手，手不應眼，一面看一面寫，手下寫出來的字，不是眼中的字；眼中的字，不是心中的字，眼和手和心全不能配合。必須學習有了相當基礎，眼力方準。在臨習碑帖時，頗能相像，一離碑帖，自己寫出來，便不是那會事。這是手勢不熟，手眼已能配合，心手卻不能相應。包世臣說臨習的方法，要「時時閉目凝神，將所習之字，收小如蠅頭，放大如榜署以驗之，皆如在覩，乃為真熟。」我以為心中眼中有字，還不算是熟，須要在過一關，到心、眼、手完全配合，心手相得，筆勢極熟，自在游行，如東坡所說；「浩然任筆之所之」，乃為真熟。寫字到此境界，基礎功夫已經完成。後一步功夫，要脫離古人，自出新意，行成自我獨立的風格，便是創作了。古人習字，大家名家，總不外這條途徑。古人論書著作雖多，理論不管如果高深，概括言之，也總不外乎此。我自恨主張不定，到了五十之年，把前面走過的一大段路，放棄了重開新路，未免自討苦吃。但我不願像齊白石所說的：「此翁無肝膽，輕棄一千年。」我自信是「行

年五十而知四十九年之非」,「悟已往之不諫,知來者之可追」,求達到我理想的境界而已。孫過庭書譜說:「初學分佈,務求平正;既能平正,務追險絕;既能顯絕,復歸平正。」二十歲前學時俗館閣書,雖不能佳,也還可算平正,後來學北碑,力追險絕,然後皈依唐碑,復歸平正。所以我的學習過程,雖然屢變,自信尚不悖乎孫氏的原則。

奚南薰所著〈我的自北而南〉全文,刊登於民國六十年(1971)《中國藝文》創刊號,第32～35頁。

附錄二：林打敏先生訪談錄

　　此訪全程以國語進行，記錄內文以中文翻譯表示。而訪談內容的紀錄最後經過整理，並由林打敏先生確認無異後簽名以表此訪談為真。

　　時　　間：2014 年 5 月 5 日，星期二上午九點
　　地　　點：林打敏先生宅
　　受訪者：林打敏
　　主訪者：沈湜暄
　　紀錄者：陳永豪
　　攝影者：陳永豪

問：請問林打敏先生與奚南薰是甚麼關係？
答：我與奚南薰為師徒關係。我是在某次書畫展覽會上看到奚南薰的書法作品，被他的書法藝術給深深吸引，於是輾轉由請胡克敏先生轉介，於是寫信予奚南薰，想向他請益書法，但苦等半年，先生才回復我的請求。而我請教奚南薰都是在他看診的「南山堂」，共同與病患排隊「看診」，就這樣過了三年不到。直至吳平先生於南山堂遇見我，並向奚南薰介紹我的背景，而他當時才知道我的身分，於是我與奚南薰已成為亦師亦友的關係了。之後至南山堂找奚南薰時，他都先叫我進入診間討論書藝之事，算是插隊吧！也致使診所抓藥小弟對我有些意見。

問：奚南薰家庭背景與個性？
答：奚南薰曾提起，他的父親不願他從醫，所以他接觸中醫醫學是由奶奶擅

自送往父親從醫朋友家中學習的。而且先生爲人正直，不做不正之風之事。且行醫依照父親理念，盡忠職守，做有醫德之人。奚南薰平時沉默寡言，作事嚴謹，個性嚴肅，也不迷信於偏方，但最後生病之時，曾說：若是在病前有吃這些東西（鞭、壁虎等）是不是不會患得此惡症？

問：奚南薰的交友情況？

答：奚南薰與吳平、江兆申、王北岳等書印界的同好，有在書藝上的相互切磋。他們時常出入〈南山堂〉，彼此分享自己對書藝上的見解。而當時有「儒醫」之名的稱號，就爲奚南薰與朱士宗了。兩人皆爲考試院特種考試中醫師特考，分別爲內、外科第一號。另外陳滄波與張壽賢皆爲奚南薰的同鄉好友，而陳滄波更爲他所景仰錢名山先生的女婿，錢名山文學造詣深，奚南薰崇拜對他十分崇拜，甚至在家中書房放置錢名山的照片，一開始我以爲那是奚南薰的父親呢！

問：奚南薰對於書法的觀念與技法爲？

答：奚南薰一開始看我寫字時，他就向說我：「你別學書法了！」因爲他曾提過習書過程應爲「十年習楷、十年習隸、十年行草、十年習篆」所以他認爲我這年紀再學書法，會學不完的。而後我曾請教奚南薰〈天發神讖碑〉與〈嶧山刻石〉的用筆與字體結構，他就隨手拿起報紙或是信紙，甚至其他廢紙，寫給我看。奚南薰自認體弱、腕弱，所以寫篆書時，以「隔一張紙」懸腕執筆法（亦爲低懸腕）作書，來輔助力量。而且主張起筆回鋒，並爲一筆劃的一半長度起筆，而收筆處急煞提起爲「急煞鋒」，使收筆處會有些許的破筆效果產生。他寫篆速度非常緩慢，主張「內力表現於外力」，如打太極一般，雖然表面上看似柔和溫潤，但其內在線條是如此猶勁有力。而他的篆書長寬比例爲三比二，隸書爲二比三，是他寫字的慣性。我在請益之中會抄寫許多筆記，如先生五十五歲得獎作品爲例：若寫「霞」上下組合之字，頭宜大，才能容下下面的字；「通」左右組合之字，兩邊需要注意大小；認爲「測」字「水」字旁太長，中間「貝」可縮減爲一個；「而」字，肩宜寬；「境」字，須注意左邊「土」部，不宜太長；「文」字之上方轉折以「折」比方式表現等等…。而且他喜歡寫同樣的文章，但以不同格式重複書寫，他篆字背的很熟，結構、線條等等，都可以寫得毫無差異。

問：奚南薰的用印有些沒有出現在《奚南薰先生紀念專輯》，但在作品上卻出現？

答：奚南薰生前用印，至逝後都由我代為保管，但有幾方於作品上所蓋的印章，是已經磨掉重刻，如吳平所刻且先生最常使用的〈奚南薰印〉白文名印（印7）與「墨蓀」朱文名印（印8），這些都是吳平早期的作品。磨掉的印章是因為奚南薰於六十歲更名為南勛時，磨掉舊印而重刻新名，所以此兩方原印已不存於世。而且奚南薰知道我喜愛刻章，也命我幫他刻了幾方，如「永受嘉福」（印30）圓形朱文鳥蟲篆，這方印章目前也是放我這保管。

問：奚南薰在創作過程中，有使用甚麼樣個工具書嗎？奚南薰所用的毛筆還有存留著嗎？

答：他寫篆是使用臺灣商務印書館於民國五十九年出版十二冊的《說文解字詁林及補遺》。而此十二冊皆為我收藏，裡頭皆蓋有在臺北市衡陽路開刻印店的張直厂所刻「奚南薰讀書記」朱文印，這可假不得的。而他的毛筆也是在我這，但我也拿起來用，時間過了那麼久了，我也不曉得他的毛筆到底是哪一隻。

問：很多人認為奚南薰的篆書像鄧石如、吳讓之，那老師您的看法如何？

答：其實他臨摹過程是走過鄧石如與吳讓之的路，但我認為石鼓文是影響奚南薰最深的。

問：奚南薰逝後，老師您有甚麼較為遺憾之事嗎？

答：在奚南薰生病之時，他曾要王北岳推薦幾位學生來傳授篆法，但與我不同的是，他們是到奚南薰家中請益書法，但我還是一樣至南山堂與他學習書藝之事，且在他生病之際，他有向我要求幫他記錄有關書法的觀念及技法，但當時他體弱氣虛，且鄉音重，實在是聽不出他說話的內容，最後也因此而作罷。而後才想到說應該要用錄音的方式記錄，這實在是非常可惜。

問：在奚南薰逝後，除了在民國七十六年三月十八日於國家畫廊舉辦「奚南薰遺作紀念展」外，還有其他有關先生的相關的活動嗎？

答：有一個活動是由教育電台所主辦的，我沒有參與，所以我不曉得是在甚麼時候辦的？或許是在他逝後不久為他舉辦的訪談吧？

林經易 2014.7.1